CHOISISSEZ LE SEXE DE VOTRE ENFANT

www.editions-jclattes.fr

Dr François Papa
avec Françoise Labro

CHOISISSEZ LE SEXE DE VOTRE ENFANT

Par la méthode
du régime alimentaire

JC Lattès

Maquette de couverture : Atelier Didier Thimonier
Photo © Photononstop

ISBN : 978-2-7096-3656-8

PRÉFACE
de Françoise Labro

Il y a déjà trente ans, je m'étais lancée dans la plus passionnante des aventures : choisir le sexe de mon futur enfant par la méthode du régime alimentaire. J'y suis parvenue. Déjà mère de deux filles, j'ai donné naissance à un garçon, Jean, et je sais très bien à quoi je dois ce bonheur.

Quelques mois seulement après la naissance de mon fils, j'ai voulu, en collaboration avec le Dr Papa, raconter et expliquer comment s'était déroulée cette merveilleuse expérience avec un guide complet et précis que nous avons intitulé : *Choisissez le sexe de votre enfant.*

Depuis, néanmoins, que n'ai-je pas entendu !

Il y a d'abord eu les incrédules, ceux qui ne manquaient pas de me dire : « De toute façon, tu avais une chance sur deux de réussir ! » Ensuite, les sceptiques qui se moquaient : « Alors, c'est en mangeant que tu as choisi le sexe de ton enfant ? » Par ailleurs, les machos qui, eux, ne voulaient à aucun prix abandonner l'idée que le spermatozoïde l'emporte sur l'ovule dans la détermination du sexe de l'enfant à venir. Enfin, tous les autres qui résumaient hâtivement : « Alors donc, il suffisait que tu rajoutes du sel pour avoir un garçon ? »

Mais il y a tous ceux – toutes celles, surtout – qui rêvent de pouvoir choisir le sexe de leur enfant en disposant d'une méthode naturelle, sérieuse et sans danger pour augmenter leurs chances d'avoir la fille ou le garçon qu'ils désirent. Et elles sont nombreuses. En surfant, aujourd'hui, sur Internet, on se rend compte à quel point ce désir est universel, permanent, et sans doute encore plus vif qu'il y a trente ans.

Désormais, ce sont les amies de mes filles qui me bombardent de questions :

— Quand faut-il commencer le régime ?

— Combien de temps faut-il le suivre ?

— Est-ce un régime contraignant ?

— Es-tu certaine que c'est grâce au régime que tu as eu Jean ?

— Combien de chances sur cent ai-je de réussir ?

— Peut-on véritablement programmer le sexe de son enfant ?

Où en sommes-nous ?

Les résultats se sont affinés à la suite de nouvelles séries d'observations scientifiques consacrées à l'étude de l'influence du régime alimentaire de la mère sur le sexe de l'enfant.

En 1986, une équipe de l'Inserm a observé une très importante modification du sex-ratio à 2,83 soit 74 % sous l'influence du régime fille.

En 1988, l'hôpital Rothschild de Paris a confirmé un taux de réussite de 85 % en suivant la méthode du régime alimentaire pour choisir le sexe de son enfant.

Enfin, très récemment, en avril 2008, l'Académie royale des sciences de Londres a publié les résultats d'une étude scientifique menée par des chercheurs des universités d'Oxford et d'Exeter sur un groupe de 740 femmes dans l'article « *You are what your mother eats : evidence for maternal preconception diet influencing fœtal sex in humans* », que l'on peut traduire par : « Vous êtes ce que mange votre mère : preuves de l'influence du régime alimentaire maternel, suivi avant la conception, sur le sexe du fœtus chez les humains. »

Aujourd'hui, les futures mamans disposent donc d'une méthode simple et fiable qui permet de réussir à avoir, près de 9 fois sur 10, le garçon ou la fille qu'elles désirent.

Cette méthode, encore faut-il savoir la suivre. Elle ne saurait se limiter à la seule remise d'une liste d'aliments autorisés ou interdits pendant la durée minimale du régime, qui est de deux mois et demi avant la conception et qui devra être suivie sans interruption ni écart jusqu'à la confirmation de la grossesse. Car nous avons tous, le plus souvent sans en être conscients, des habitudes alimentaires bien ancrées. Les miennes ne me laissaient que vingt chances sur cent d'avoir un garçon tant mes goûts alimentaires me portaient naturellement à suivre le « régime fille ». Il faut donc savoir s'armer de patience, de vigilance et de ténacité pour mettre toutes les chances de son côté.

Tel est l'objectif du livre, ce guide que vous allez suivre : réactualisé à l'aune de toutes les nouvelles études et découvertes. Il se veut clair, précis, pratique, afin de vous accompagner quotidiennement au cours de ces quelques mois de régime. Fastidieux, peut-être, mais dont le résultat justifiera vos efforts. C'est, du moins, l'espoir que je formule.

Bonne lecture et bon courage !

Introduction

L'influence de l'alimentation de la future maman sur la détermination du sexe de l'enfant à naître et la possibilité d'en orienter volontairement le choix par un régime approprié est aujourd'hui une évidence scientifique largement démontrée par les très nombreuses études qui lui ont été consacrées.

Toutes ces études, menées par des équipes universitaires et hospitalières dans différents pays, ont été rendues publiques dans de prestigieuses revues scientifiques d'audience internationale et sont donc facilement accessibles à tous ceux, et notamment aux spécialistes, qui s'intéressent à la question et qui souhaitent approfondir leurs connaissances. À cet effet, vous trouverez en fin d'ouvrage les références bibliographiques des principales recherches.

Et pourtant, certains couples qui désirent mettre en œuvre la méthode du régime alimentaire ne trouvent pas toujours auprès de leur médecin l'aide qu'ils recherchent. Les raisons en sont nombreuses et, entre autres, le manque de temps ou le manque d'intérêt pour cette question. La prescription d'un régime ne saurait se limiter à remettre une liste plus ou moins complète d'aliments autorisés ou interdits. L'accompagnement qu'il requiert, surtout au début, nécessite de la part des professionnels de santé, outre le fait de s'intéresser à cette question, une disponibilité et une formation en diététique qui leur font souvent défaut. Prendre le temps d'expliquer, d'écouter, de répondre aux questions, d'apporter les précisions et les conseils nécessaires demande du temps et une formation appropriée.

L'ambition de cet ouvrage est de fournir aux futures mamans, qui s'interrogent sur les connaissances actuelles et les moyens disponibles concernant le choix du sexe de leur enfant, toutes les informations utiles. Cette nouvelle édition nous a permis de tenir compte des améliorations de la méthode du régime alimentaire acquises par l'expérience et grâce aux remarques et commentaires de nos patientes. Qu'elles en soient ici vivement remerciées. Notre but est aussi d'offrir un guide pratique qui sera, nous l'espérons, une aide quotidienne au cours de ces quelques mois de régime.

1. Dis-moi ce que tu manges et je te dirai… le sexe de ton enfant

Quand Isabelle fit son échographie au cinquième mois de sa grossesse, personne ne fut surpris d'apprendre qu'elle attendait une deuxième fille. Suivons en effet Isabelle au cours d'une de ses journées et intéressons-nous à ses habitudes et à ses préférences alimentaires.

Son petit déjeuner, tôt le matin, comprend toujours un grand bol de lait auquel elle ajoute un peu de café accompagné d'une tartine de pain grillé beurré. Le tout complété par un fruit, le plus souvent une pomme, et un yaourt qu'elle aime nature sans sucre ou bien aromatisé à la vanille ou à la fraise et plus rarement au caramel.

Pour sa pause déjeuner, prise sur son lieu de travail, elle évite le restaurant d'entreprise. Elle préfère prendre à la brasserie du coin une simple grillade, viande ou poisson, sans sauce ni garniture, accompagnée d'une salade de légumes : laitue, tomate, haricots verts, carottes râpées... qu'elle assaisonne elle-même d'un filet d'huile. Elle adore la crème brûlée qui est toujours très réussie dans cette brasserie ; c'est son péché mignon comme elle dit. Elle l'échange parfois pour une coupe de fraises chantilly ou une glace. Sa collègue de travail avec qui elle déjeune habituellement la surnomme gentiment milkshake car elle ne l'a jamais vue boire autre chose que de l'eau, et du lait qu'elle choisit... écrémé, souci du poids et de la ligne oblige.

Son dîner, qu'elle prend avec son mari une fois celui-ci rentré du travail, et après que sa fille de deux ans s'est endormie, ne se compose jamais de viande ni de poisson, mais d'un plat de légumes cuits à la vapeur le plus souvent, avec pâtes, riz ou quinoa et un dessert, fruit ou laitage selon les jours.

Charcuteries, conserves, sodas, vin, bière ou jus de fruits ? Très rarement, pour ainsi dire jamais.

Ah j'oubliais... si elle vous invite à déjeuner ou à dîner n'oubliez pas d'apporter votre salière car elle ne sale pratiquement pas.

Marie a trois garçons. Elle travaille elle aussi et fait ses courses alimentaires pour la semaine le vendredi soir, profitant de l'heure tardive de fermeture de la grande surface proche de chez elle, car son mari rentre plus tôt ce jour-là et peut donc s'occuper des enfants. Que trouve-t-on dans son caddie ?

Sodas et jus de fruits, un pack de lait et des laitages pour les enfants car elle-même n'en consomme que très peu, des surgelés ou des conserves, bien pratiques pour préparer les repas du soir en rentrant : légumes, quiches, pizzas, frites à faire dorer au four, plats cuisinés. Des fruits, elle adore ça, c'est bon pour la santé et ça fait maigrir, car « J'en ai bien besoin », dit-elle.

Son petit déjeuner : café et barre de céréales avec un jus de fruits vite expédié. Elle part tôt le matin pour rentrer vers 18 heures. À midi, c'est généralement un sandwich : viande froide, pâté, rillettes ou jambon, souvent avec des cornichons, et un fruit – orange, banane ou pomme car c'est facile à transporter.

Le soir, c'est plutôt une soupe toute prête en brique, et un plat qu'elle cuisine si elle a le temps : viande ou plus rarement poisson, sinon un plat tout préparé type choucroute, couscous, paella ou cassoulet par exemple.

Quoi de commun entre Marie et Isabelle ?

Elles ont toutes deux, sans le savoir, des habitudes et des préférences alimentaires bien établies. Et si l'une a deux filles et l'autre trois garçons, ce n'est sûrement pas par hasard.

Le sexe de leurs enfants dépendrait-il de leurs habitudes alimentaires ? Contentons-nous pour l'instant de noter que l'alimentation d'Isabelle est riche en calcium et magnésium et au contraire pauvre en sodium et potassium. Et que c'est exactement le contraire pour Marie.

Mais poursuivons notre enquête.

Et commençons par remonter dans le temps.

Au XVIIIe siècle déjà, de riches négociants anglais, gens avisés auxquels leur fortune laissait le loisir de se consacrer à l'étude des Arts, des Techniques ou des Sciences – ils constituaient en quelque sorte les savants de l'époque –, découvrent un étrange phénomène. En ce temps-là, tous les pays, et l'Angleterre n'y échappe pas, connaissent régulièrement, à la suite de mauvaises récoltes, de graves crises agricoles responsables de périodes de pénurie de ressources alimentaires. On parlait alors de disette, c'est-à-dire de famine.

Ces négociants remarquent que la proportion, habituellement très stable, des filles et des garçons à la naissance, qu'on appelle aussi le sex-ratio, se modifie. En étudiant les registres des paroisses, où sont scrupuleusement notés les actes de baptême et qui constituent à cette époque les registres de notre état civil actuel, ces mêmes observateurs constatent une très nette augmentation de la proportion des garçons à la naissance. Autrement dit lorsque les ressources alimentaires de la population changent, le sexe des enfants qui naissent dans les mois qui suivent change aussi.

Cette influence des variations de l'alimentation sur le sexe des enfants à naître a également été constatée beaucoup plus récemment, et notamment pendant les périodes de guerre, qui s'accompagnent elles aussi de changement des habitudes alimentaires. Regardons par exemple les modifications de la proportion des filles et des garçons qui sont nés en France ou en Allemagne pendant et juste après les deux dernières guerres, celles de 1914-1918 et de 1939-1945.

Cette courbe, qui indique les variations du sex-ratio (nombre des garçons pour 100 filles à la naissance) en France de 1841 à 1970, montre une très nette augmentation des naissances de garçons au cours des deux premières guerres mondiales. On retrouve le même phénomène en Allemagne.

Durant ces périodes, les difficultés d'approvisionnement, en produits frais comme les produits laitiers, la viande, les fruits et légumes, et

Variations du sex-ratio (ensemble des naissances en France de 1841 à 1970)

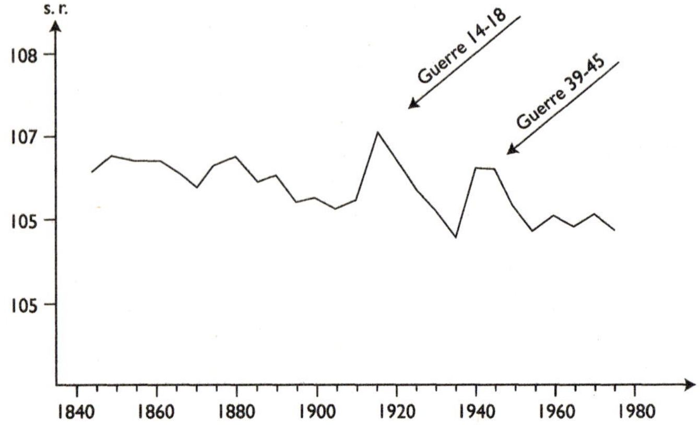

l'instauration de cartes de rationnement modifient profondément les habitudes alimentaires.

De nombreuses autres observations sont venues depuis confirmer le rôle de l'alimentation maternelle dans le déterminisme du sexe fœtal.

Dans des régions du monde où sévit une malnutrition chronique, notamment en raison des conditions locales climatiques, plusieurs recherches très récentes menées par des anthropologues indiquent une corrélation entre le sex-ratio et l'état de dénutrition maternelle mesuré par l'indice de masse corporelle ou l'indice de masse graisseuse et musculaire. Dans une étude menée au sein d'une communauté agro-pastorale du sud de l'Éthiopie, pendant la saison sèche en 2002 et publiée en 2003, A. Gibson et R. Mace (département d'anthropologie de l'University College de Londres) montrent, par exemple, une relation évidente entre l'état de nutrition de la mère et le sex-ratio à la naissance – la proportion des garçons étant nettement plus élevée chez les femmes les moins dénutries.

Revenons au cas de Marie et d'Isabelle, que nous n'avons pas oubliées. Si l'une a trois garçons et l'autre deux filles, ce n'est sûrement pas, pour elles, le fait du hasard ! Est-ce à dire que toutes les futures mamans sont dans leur cas, qu'elles ont sans le savoir des goûts et des habitudes alimentaires spécifiquement filles ou garçons ? Oui, à l'évidence, pour l'immense majorité de celles qui n'ont que des enfants du même sexe, nous l'avons vu. Quant aux autres, celles qui ont des habitudes alimentaires intermédiaires, on pourrait dire neutres, chaque grossesse leur donne autant de chance d'avoir une fille ou un garçon.

Longtemps soupçonné, le rôle de l'alimentation maternelle dans la détermination du sexe de l'enfant est aujourd'hui une évidence scientifique. Plusieurs études menées par des équipes indépendantes et fondées sur une approche rigoureuse, utilisant les moyens de la recherche moderne, l'ont clairement démontré, nous le verrons plus loin.

La méthode du régime alimentaire proposée aux futures mamans qui souhaitent programmer le sexe de leur futur enfant en constitue la mise en application.

2. J'ai décidé d'avoir un enfant. Que dois-je faire ?

Avant même d'aborder le choix du sexe de l'enfant, quelques précisions sont nécessaires qui concernent toute future maman souhaitant préparer la venue de bébé dans les meilleures conditions. Il est bien entendu toujours possible, même aujourd'hui, d'ignorer ce qui va suivre, surtout pour les nostalgiques des temps heureux où les bébés naissaient dans les roses pour les filles et dans les choux pour les garçons, de laisser faire la nature. Qui malheureusement... ne fait pas toujours bien les choses et qu'il faut parfois aider !

Si, ne l'oublions quand même pas, le mode d'emploi pour faire un bébé reste le même depuis Adam et Ève, ce sont les conditions dans lesquelles l'enfant est conçu et le souci des parents de lui assurer les meilleures chances pour son avenir qui ont changés. Grâce à une meilleure connaissance des phénomènes naturels qui accompagnent la grossesse et à des outils plus performants, de grands progrès, notamment en matière de prévention, ont été faits et l'immense majorité des futurs parents souhaitent légitimement en bénéficier.

Aujourd'hui encore, dans un univers où Internet, télévision, radio, magazines ne cessent de traiter de ces sujets beaucoup de principes élémentaires restent méconnus et de nombreuses idées fausses persistent. Eh bien, n'ayons pas peur de poser les questions les plus simples et répondons de la façon la plus claire.

Arrêter les moyens de contraception

Arrêter les moyens de contraception ne suffit pas pour être enceinte ! Il faut aussi faire l'amour et ce, bien entendu, pendant les deux ou trois jours qui correspondent à la période féconde… et même après – au fait pourquoi après ? – une journée de travail harassante. Cette fameuse période féconde ne tombe pas nécessairement un week-end ou un jour férié… Le comble… c'est qu'habituellement cela ne suffit pas ! Et oui il faut aussi SAVOIR ATTENDRE.

Contrairement à nos parents, et grâce aux moyens modernes de contraception largement utilisés aujourd'hui, il est rare qu'une grossesse survienne sans être désirée. La principale difficulté tient dans le fait qu'il est impossible d'en prévoir le début. Tous les phénomènes biologiques sont régis par des lois statistiques et probabilistes, et la conception n'y échappe pas. Pour un couple parfaitement fécond et... qui fait tout ce qu'il faut pour, une grossesse survient normalement dans un délai compris entre un mois et deux ans. Et même parfois, mais rarement, un peu plus tard encore.

Est-il nécessaire de faire un examen médical avant d'être enceinte ?

Sans être obligatoire cet examen est fortement conseillé. En médecine mieux vaut toujours prévenir que guérir et toute future maman a à cœur de préparer du mieux possible la venue de bébé. Lors de cette consultation préconceptionnelle, le médecin passe d'abord en revue les antécédents médicaux personnels (cardio-vasculaires, diabète, maladies endocriniennes...) et familiaux des futurs parents. Dans certains cas, un conseil génétique est nécessaire pour préciser les risques de maladies héréditaires et les moyens de les pallier. Le mode de vie de la future maman est pris en compte (alimentation, tabac, alcool, médicaments...) et des conseils personnalisés seront donnés et étayés par les explications appropriées, sans lesquelles ils risquent de rester vains. Certains traitements en cours devront être réévalués et dans certains cas modifiés, en collaboration avec le médecin spécialiste en charge de ce traitement.

L'examen clinique habituel est associé à l'examen gynécologique, à la recherche d'une éventuelle pathologie connue ou méconnue par la future maman, et le frottis cervico-vaginal est vérifié. Une mammographie systématique de dépistage est conseillée après quarante ans. Les examens de laboratoire sont demandés en fonction des renseignements recueillis au cours de cette consultation. Au nombre de ces examens se trouvent habituellement les sérologies rubéole, toxoplasmose, hépatites B ou C, HIV. Un complément en acide folique, appelé aussi vitamine B9, destiné à réduire le risque d'une grave malformation neurologique nommée spina-bifida (dont la fréquence est de l'ordre de 1/1000 naissances), est préconisé. Ce complément sera commencé trois mois au moins avant la conception.

ATTENTION toutefois, ces précautions étant prises, à ne pas transformer la grossesse en maladie ou en cauchemar d'inquiétudes ou d'angoisses. Attendre un enfant, c'est certainement une étape privilégiée dans la vie d'une femme... et d'un homme. N'oublions pas que, malgré quelques petits désagréments, c'est d'abord un moment de bonheur et de joie partagés.

Quelle différence y a-t-il entre ovulation et période féconde ? Comment la déterminer ?

On commet souvent l'erreur de confondre ovulation et période féconde. En fait, l'ovulation c'est l'instant même où l'ovule est expulsé hors de l'ovaire. Cet ovule est alors capté par la trompe dans laquelle il va rencontrer les spermatozoïdes pour être fécondé. Suivant les cycles, qui se suivent mais ne se ressemblent pas toujours, cette ovulation a lieu entre onze et quatorze jours AVANT les règles SUIVANTES.

La période féconde, c'est la durée de trois à cinq jours pendant laquelle un rapport sexuel est susceptible d'aboutir à une grossesse. Elle s'accompagne, provenant du col de l'utérus, d'une sécrétion de glaire (qu'on peut comparer à du blanc d'œuf) plus ou moins abondante que de nombreuses femmes sont capables de reconnaître. Cette phase commence deux à trois jours avant l'ovulation, avec une probabilité accrue de grossesse la veille et l'avant-veille de l'ovulation.

Mais la nature n'est pas une mécanique, il y a toujours des exceptions, des cas particuliers. On a déjà constaté certaines grossesses survenues après des rapports sexuels ayant eu lieu très longtemps (jusqu'à sept jours) avant l'ovulation et d'autres alors que les rapports s'étaient produits deux-trois jours après l'ovulation.

On trouve dans le commerce des tests d'ovulation. Le principe de ces tests qui se font sur les urines, chez soi, est de détecter la présence d'une hormone appelée LH, sécrétée par l'hypophyse, et dont le taux dans les urines augmente de façon très importante environ trente-six heures avant l'ovulation. Réalisé chaque matin, en commençant quelques jours avant la date supposée de l'ovulation, le test devient positif lorsque commence la période féconde, période qui dure nous l'avons vu trois à cinq jours. À partir de là, câlins… NE PAS S'ABSTENIR !

À condition de respecter le mode d'emploi, la

fiabilité de ces tests, d'après les fabricants, est d'environ 90 %. Une réserve toutefois. Outre leur prix de revient qui augmente avec leur répétition plusieurs jours de suite chaque mois et souvent pendant plusieurs mois, ces tests sont en fait des tests prédictifs de l'ovulation, ils ne permettent pas de vérifier que l'ovulation a bien eu lieu ni la qualité de celle-ci.

C'est là que la courbe de température, qui prend le nom de courbe ménothermique, se révèle particulièrement utile, notamment si la grossesse se fait attendre. La température doit être prise tous les matins, pendant une minute environ, avec le même thermomètre médical, avant le lever, et si possible à la même heure. Afin de prendre la température dans ces conditions et impérativement avant de poser le pied par terre, il faut bien entendu prévoir, le soir en se couchant, de placer le thermomètre à portée de la main. Pour la noter, l'idéal est d'utiliser une petite grille adaptée à cet usage (on peut en télécharger sur Internet). Celles qui sont utilisées pour noter la température des gens fiévreux ne conviennent pas car l'échelle graphique utilisée ne montre pas suffisamment les écarts de température mesurés en dixième de degrés Celsius et la courbe présente, de ce fait, beaucoup plus de difficultés de lecture.

Voyons à quoi ressemble une courbe ménothermique normale :

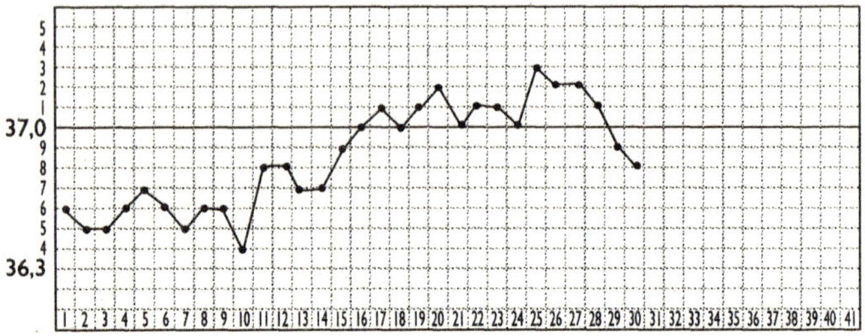

Au début du cycle, dans sa première partie avant l'ovulation, la température est basse. Elle se situe en principe en dessous de 37 degrés. La durée de cette période est très variable et donc difficilement prévisible, c'est elle qui détermine la durée totale du cycle et explique son caractère variable de 21 à 45 jours, avec une durée moyenne de 28 jours. Au moment de l'ovulation, on voit la température s'élever en un ou deux jours de quelques dixièmes et se maintenir « en plateau » pendant 11 à 16 jours. La durée de cette deuxième période, qui suit l'ovulation, est relativement constante. Une hormone sécrétée par l'ovaire, plus précisément par le corps jaune qui se forme au moment de l'ovulation, explique cette montée de la température. Cette hormone appelée progestérone, qui n'existe pas (ou du moins à des taux infimes) avant l'ovulation, possède des propriétés hyperthermisantes.

La courbe de température fournit plusieurs renseignements. L'absence de plateau thermique indique que l'ovulation ne s'est pas produite, on parle alors de cycle(s) anovulatoire(s) car contrairement à une idée assez répandue le fait d'être réglée ne signifie pas que l'ovulation a eu lieu. Au contraire, la présence d'un plateau stable, au-dessus de 37 pendant une durée supérieure à 11 jours, signe une ovulation de bonne qualité, même si là aussi, il existe des cas particuliers. La courbe thermique permet également de préciser non pas – et contrairement à ce qu'on lit parfois – le jour où l'ovulation a eu lieu, mais la période de quelques jours où elle s'est produite. Il existe une large plage d'incertitude puisque, si le plus souvent, celle-ci correspond aux trois jours qui précèdent la montée de température et au jour qui la suit, cette période peut être plus longue jusqu'à cinq jours avant et quatre jours après.

3. Petit inventaire des idées reçues… et ce qu'il faut en penser

Les hommes – mais peut-être surtout les femmes – ont sans doute depuis la nuit des temps rêvé de choisir le sexe de leurs enfants, et ce pour différentes raisons. Soucis d'équilibre de la famille (*sex-balancing* des Anglo-Saxons), motivations économiques ou patrimoniales, politiques, influence ou pressions sociales voire religieuses, la liste est longue et les historiens, les ethnologues, les sociologues, les psychologues et les psychanalystes auraient tous beaucoup de choses à dire sur ce sujet.

Depuis toujours, colportées par le bouche à oreille, parfois mentionnées dans des ouvrages à vocation prétendument scientifique, les recettes les plus invraisemblables, les idées les plus saugrenues, les préjugés les plus enracinés dans

« la sagesse des nations » qui en l'occurrence serait plutôt la « bêtise des nations » ont prétendu régenter le hasard. Tirés de l'interprétation de prétendus anciens textes sacrés, de dictons d'almanach, de témoignages « rapportés », les infaillibles préceptes de « filles ou garçons à volonté » sont légion. On voit défiler l'influence des astres, notamment de la lune, mais aussi la quantité de la semence, l'altitude, la pratique d'un sport, l'intensité du désir voire de l'orgasme féminin, le froid, telle tisane... rien de bien dangereux en somme ! Une « ordonnance » joignait du moins l'utile à l'agréable : si vous voulez avoir un garçon (ou peut-être même quatre) plongez-vous dans une lecture « virile », lisez *Les Trois Mousquetaires* ou portez un béret basque en faisant l'amour.

Empédocle, déjà au Ve siècle avant Jésus-Christ, accordait de l'importance à la date de la conception par rapport à celle des règles. Aristote, lui, pensait que le vent du nord favorisait la conception des garçons et le vent du sud celle des filles. Au XVIIIe siècle, on imagine que c'est le testicule droit qui engendre les garçons et le testicule gauche les filles. On conseille donc à l'époque aux hommes désirant un garçon de se pincer très fort le testicule gauche au cours des rapports sexuels. Un siècle plus tard, on améliore encore le procédé et cette fois il est conseillé au mari de « viser » l'ovaire droit de son épouse car, et tous les savants sont d'accord, c'est aussi l'ovaire droit qui engendre les garçons. Pour ce faire, le mari doit coucher à gauche de sa femme, laquelle doit glisser un petit coussin sous la fesse droite afin de la soulever de vingt-cinq à trente degrés par rapport au plan du lit.

En 1888, un certain Dupuy met au point une « loi mathématique » (!) permettant de prévoir à coup sûr le sexe des enfants. Loi fondée sur le nombre de périodes menstruelles écoulées depuis l'accouchement précédent. Un an plus tard, en 1889, Cleisz élabore une méthode « infaillible » pour avoir un garçon : prenez un homme âgé et une femme jeune et pauvre, faites-leur concevoir un enfant en avril, mai ou juin, et vous aurez un garçon ! Sornettes, absurdités, on n'est pas loin des vendeurs de grigris, charlatans et faiseurs d'amulettes.

Et de nos jours ? Les futurs parents, qui aujourd'hui cherchent une réponse à leur désir d'avoir un enfant du sexe de leur choix et qui vont sur Internet, consultent des livres, interrogent leur médecin et parfois leur entourage, sont souvent très perplexes et désorientés devant la diversité des avis ou des conseils qui leur sont prodigués et des méthodes qui leur sont proposées.

Ces méthodes, qui curieusement sont encore proposées aux futurs parents, reposent souvent sur des idées ou des hypothèses anciennes que les connaissances actuelles ont démenties depuis longtemps. Efforçons-nous d'y voir plus clair. Remarquons d'abord qu'il ne suffit pas qu'une méthode ait été essayée avec succès par telle ou telle amie ou qu'on l'ait expérimentée soi-même, pour en conclure que cette méthode est efficace. Toute méthode, même la plus inefficace, peut évidemment « marcher » puisque ayant naturellement une chance sur deux de réussir, la moitié des couples l'ayant essayée seront comblés et donc persuadés de son efficacité alors que le résultat aurait été le même sans rien faire ! Certaines sociétés commerciales peu scrupuleuses – et c'est un euphémisme – ont à plusieurs reprises tenté d'exploiter ce « créneau », proposant pour quelques centaines d'euros une méthode « scientifique et infaillible », allant même jusqu'à rembourser en cas d'échec. Il est aisé de comprendre qu'avec ce procédé, la méthode la plus « bidon » donne à son promoteur l'assurance de garder la moitié des sommes reçues.

Les injections vaginales alcalines ou acides

Quinze minutes avant un rapport sexuel effectuer une injection vaginale avec :

— un litre d'eau tiède additionnée de deux cuillerées à soupe de bicarbonate de soude pour avoir un garçon ;

— un litre d'eau tiède additionnée de deux cuillerées de vinaigre pour avoir une fille.

Cette méthode a été proposée par un gynécologue allemand, le Dr Unterberger, qui publie en 1930 un article dans lequel il propose un nouveau traitement de la stérilité du couple, qu'il attribue à l'époque à un excès d'acidité du vagin et pour lequel il prescrit des douches vaginales avec du bicarbonate de soude dilué. Nous sommes, ne l'oublions pas, en 1930 et les connaissances dans ce domaine et donc les traitements sont très rudimentaires et à peu près inefficaces. Ayant malgré tout obtenu quelques rares grossesses pour lesquelles les garçons sont un peu plus nombreux que les filles, Unterberger en conclut – un peu hâtivement – que le bicarbonate est non seulement un traitement efficace de la stérilité mais qu'en outre il favorise la naissance d'un garçon ! Ce n'est à l'époque qu'une simple remarque de sa part, ne portant que sur un tout petit nombre de naissances et ne reposant évidemment sur aucun calcul statistique. Cependant, depuis ce jour, on ne compte plus le nombre de femmes qui ont, sur la foi de cette simple constatation et parfois même sur les conseils de leur médecin, injecté des litres d'eau vinaigrée ou de bicarbonate délayé dans leur vagin !

Cette technique, qui a néanmoins la vie dure, est strictement sans intérêt. Voyons pourquoi. Il faut savoir d'abord que le sperme présente un caractère alcalin très élevé et qu'il a ce qu'on appelle un pouvoir tampon – c'est-à-dire capable de neutraliser un excès d'acidité – très important. On voit alors mal comment une simple injection de vinaigre dilué pourrait valablement modifier les conditions « d'accueil » des spermatozoïdes. Sans doute une injection d'acide sulfurique ou de soude caustique y parviendrait-elle mais il est douteux que les rapports sexuels soient encore possibles après une telle manœuvre. Il est donc, on vient de le voir, parfaitement impossible de modifier l'acidité (on parle du ph pour mesurer cette acidité) du vagin au cours d'un rapport sexuel et pourtant combien de fois ce conseil n'est-il pas donné !

Ce principe est inapplicable en pratique, mais qu'en est-il cependant de l'influence sur les spermatozoïdes de l'acidité du milieu dans lequel ils évoluent ? Cette influence existe-t-elle au moins ?

En 1971, quarante ans après la publication d'Unterberger, des chercheurs de l'université de Yale aux États-Unis étudient en laboratoire l'influence du ph (qui mesure précisément le degré d'acidité) sur le comportement des spermatozoïdes X et Y. Ils ne trouvent aucune différence entre eux, ni sur leur mobilité, ni sur leur vitesse, ni sur leur survie. En 1976, Downing et Black toujours aux États-Unis retrouvent le même pourcentage (49,6 %) de spermatozoïdes Y vivants, aussi bien avant incubation qu'après incubation pendant onze heures à la température de 37°, dans deux milieux de ph (5,2 et 8) très différents. En 1977, Broer et son équipe font, en Allemagne, le même constat : il n'existe aucune corrélation entre l'acidité de la glaire cervicale féminine et la proportion des spermatozoïdes mâles.

Existe-t-il d'autres études qui donneraient des résultats différents ou un début de vérification scientifique à cette méthode ? Aucune. On peut donc l'abandonner sans regret.

La date du rapport sexuel fécondant dans le cycle

On entend souvent répéter que

— pour avoir un garçon : il faut que le rapport sexuel fécondant soit le plus près possible de l'ovulation

— pour avoir une fille : il faut que le rapport sexuel fécondant soit le plus éloigné possible de l'ovulation

Que faut-il en penser ?

Dans un article publié en 1960 dans une revue médicale américaine faisant autorité dans les milieux scientifiques, le Dr Shettles, qui cherche par l'observation au microscope un moyen de distinguer les spermatozoïdes X des Y dans le sperme humain, décrit les différences de formes qu'il pense avoir repérées. Elles concernent la tête des spermatozoïdes, là où se trouvent le noyau de la cellule et donc les chromosomes. Les uns auraient une tête plutôt petite et ronde, les autres une tête plutôt grande et allongée. En réalité la chose n'est pas si évidente car les différences sont minimes et de plus toutes les nuances existent entre ces deux formes... plus ou moins ronde et plus ou moins ovale. Surgit alors une autre difficulté : lesquels portent le X et lesquels le Y ? Un raisonnement simple va éluder le problème. Une chose est sûre, vu au microscope, le chromosome X est plus grand que le Y... De là à en déduire que les spermatozoïdes... qui ont la grosse tête portent le X il n'y a qu'un pas bien vite et bien imprudemment franchi. Shettles croit également reconnaître des vitesses de déplacement différentes. Les petites têtes semblent plus rapides... avantage donc aux garçons et le tour est joué ! C'est à partir de cette fragile hypothèse que Shettles va conclure qu'un rapport proche de l'ovulation a toutes les chances de donner un garçon.

Alors même qu'aucune autre publication ne vient étayer les observations de Shettles et qu'aucun début de preuve expérimentale n'est apporté, cette méthode devient très vite populaire et se trouve largement vulgarisée. Chose incroyable, elle l'est encore aujourd'hui bien qu'elle soit parfaitement... inefficace ! Voyons pourquoi.

Neuf ans après que Shettles a proposé sa méthode, la technique de coloration du chromosome Y par un dérivé de la quinacrine découverte par Zech va vite s'imposer en raison de sa fiabilité et très vite démentir les hypothèses précédentes. De nombreux travaux utilisant cette nouvelle technique sont alors consacrés à l'étude comparative des spermatozoïdes X et Y, tant en ce qui concerne leur vitesse de déplacement, leur mobilité, leur résistance ou leur survie, et ce même dans des milieux de ph différents. Toutes ces études aboutissent au même résultat : on ne constate aucune différence et les hypothèses de Shettles sur lesquelles repose sa méthode s'effondrent.

Mais pour celui qui ne se contente ni des hypothèses ni des apparences, et qui cherche la vérité en utilisant les outils de la science, la question se pose ainsi : le délai qui sépare le rapport fécondant du moment de l'ovulation a-t-il une influence sur la détermination du sexe de l'enfant, et comment le savoir ?

La réponse à cette question va tarder à venir car il a fallu attendre ces quelques dernières années pour disposer enfin d'un moyen sûr pour connaître avec précision le moment de l'ovulation. Tous les moyens disponibles jusqu'alors comme le décompte des jours du cycle, la courbe de température, les modifications de la glaire cervicale ne permettaient que de connaître les quelques 4 à 5 jours correspondant à la période féconde sans pouvoir préciser dans cette période ni le jour et encore moins l'heure de l'ovulation. Toute étude était donc impossible. Ce sont les récents progrès des techniques médicales de détection et de dosage dans le sang d'une hormone appelée LH qui ont rendu possible la connaissance de ce moment de l'ovulation. Cette hormone d'origine hypophysaire voit en effet sa sécrétion augmenter brusquement 36 heures environ (à 2 heures près) avant l'ovulation, et diminuer tout aussi rapidement ensuite. C'est cette brusque variation hormonale, on parle du pic de LH, qui sert de signal et qui provoque l'ovulation. Un dosage sanguin quotidien ou mieux biquotidien, voire un dosage urinaire puisque cette hormone est éliminée dans les urines, permet donc de repérer avec une très grande précision ce moment.

Une autre difficulté surgit alors. Comment connaître l'heure du rapport fécondant si, comme c'est habituellement le cas lorsqu'une grossesse est désirée, plusieurs rapports se sont succédé dans la période féconde ? La seule solution est alors de demander aux couples volontaires pour participer à ces études de n'avoir qu'un seul rapport en prenant soin d'en noter le moment. Des études similaires sont entreprises chez des couples suivis médicalement et traités par une seule insémination artificielle par cycle.

On dispose alors d'une somme d'informations rigoureuses et très précises. Une conclusion s'impose : toutes ces études montrent qu'il y a autant de garçons que de filles quel que soit le délai qui sépare le rapport ou l'insémination du moment de l'ovulation, qu'elle soit spontanée ou provoquée.

On peut donc définitivement oublier cette méthode, parfaitement inefficace, et cela au risque de décevoir les couples qui l'ayant essayée avec succès peuvent désormais être certains que le résultat eût été strictement le même sans elle !

La technique des rapports

Là encore, que d'idées fausses !

Pénétration vaginale profonde et par-derrière pour avoir un garçon, par-devant et superficielle (combien de centimètres ?) pour avoir une fille ! Abstinence sexuelle dans les jours précédant le rapport et orgasme féminin obligatoire pour un garçon, activité sexuelle « normale » et orgasme féminin défendu pour une fille ! Issus de croyances ou de superstitions anciennes, ces conseils se retrouvent encore régulièrement proposés aux futures mamans. On croit rêver !

4. Un régime alimentaire ?... Histoire d'une découverte

En 1936, un biologiste allemand, Schroeder, obtient une modification de la répartition des sexes chez le lapin en modifiant la composition des rations alimentaires. En 1952, c'est Milovanoff ou encore Loukina en 1953, Tzarimizov en 1955, ou Bratanov en 1961 qui notent eux aussi, mais cette fois chez la vache, que la répartition des sexes varie en fonction de la nourriture qui leur est donnée. Mais ce sont en fait les travaux du Pr Stolkowski, en France, qui vont permettre de préciser et de comprendre ce phénomène en montrant qu'il est entièrement sous la dépendance des apports en sels minéraux.

Où il est question de Bonellie et de Discoglosse...

Tout commence en 1958, dans le laboratoire de physiologie de la faculté des sciences de Paris (université Pierre-et-Marie-Curie) où le Pr Joseph Stolkowski mène des recherches sur le métabolisme minéral et plus précisément sur le rôle des solutions ioniques dans les organismes vivants.

Il remarque qu'un batracien (*Discoglossus Pictus*) élevé dans un milieu riche en potassium donne naissance à une majorité de mâles et, au contraire, à une majorité de femelles lorsqu'il est élevé dans un milieu riche en calcium et magnésium. Sans la sagacité et la ténacité de ce jeune chercheur, ces observations auraient très bien pu rester sans lendemain. En réalité, mais Stolkowski ne le sait pas encore, cette influence du potassium et du calcium sur la détermination du sexe a déjà été observée.

Nous sommes en 1935, dans un Institut de recherche en biologie marine situé près de Naples. Herbst, un biologiste allemand, travaille sur un petit ver marin appelé *Bonellia Viridis.* Et, comme c'est souvent le cas dans de nombreuses découvertes, Herbst cherche tout à fait autre chose que ce qu'il va trouver.

Dans des aquariums remplis d'eau de mer, Herbst, qui s'intéresse au rôle du potassium sur les organismes vivants, essaie de comprendre comment ses petits *Bonellia Viridis* pompent le potassium dans le milieu extérieur. Il s'aperçoit bientôt que lorsqu'il augmente la concentration en potassium de l'eau la proportion des petits vers mâles augmente, elle aussi. Puis il fait très vite une seconde constatation : quand il diminue la concentration du potassium et que dans le même temps il augmente celle du magnésium, il obtient le contraire, c'est-à-dire un accroissement du nombre des femelles.

En 1938, un second biologiste allemand, Hartmann, utilisant cette fois un autre ver, appelé *Ophryotroca Puerilis*, aboutit à des conclusions analogues. Parallèlement, un troisième biologiste, Tzonis, fait la même recherche sur le *Dinophilus Apatris*. Dans tous les cas on observe le même résultat : un excès de potassium favorise la naissance des mâles, une diminution du potassium associée à une augmentation du magnésium accroît le nombre des femelles.

Nous sommes à la veille de la Seconde Guerre mondiale et les préoccupations sont ailleurs. Pour passionnantes qu'elles soient, ces observations publiées dans des revues scientifiques consacrées à la biologie marine vont tomber dans l'oubli.

En 1958, après la guerre, Stolkowski, nous l'avons vu, redécouvre le phénomène et son rôle va être déterminant. C'est lui qui est à l'origine de tous les travaux sur la méthode de sélection du sexe par le régime alimentaire et qui en est véritablement le « père ». Stolkowski démontre, cette découverte va se révéler capitale, que ce n'est pas la quantité totale de potassium qui intervient mais le RAPPORT entre le potassium d'une part et le calcium et magnésium d'autre part.

Les travaux de Stolkowski sur le batracien sont fondamentaux car il s'agit cette fois d'un animal vertébré. Et si la détermination du sexe se fait sous l'influence de l'équilibre des sels minéraux chez le batracien, pourquoi ne la retrouverait-on pas dans d'autres espèces animales du même embranchement, notamment chez les mammifères ?

Une nouvelle étape est sur le point d'être franchie. La différence essentielle entre les espèces aquatiques (comme les poissons par exemple) et les espèces à vie aérienne (comme les mammifères) est le milieu dans lequel elles vivent. En effet, les espèces aquatiques vivent dans un milieu liquide au moyen duquel les échanges, respiratoires par exemple, ont lieu. Pour les animaux à vie terrestre et donc les êtres humains, c'est le contraire : ce sont les cellules elles-mêmes qui baignent dans un liquide intérieur. C'est un peu comme si on transportait sa propre petite mer interne, son lac intérieur. Tous les échanges cellulaires se font alors à travers ce liquide.

Il est facile de modifier la teneur en potassium ou en calcium et magnésium d'un aquarium dans un laboratoire, mais comment modifier le milieu intérieur ? En agissant sur l'alimentation ! Car tout – ou presque – ce que le corps reçoit sur le plan matériel lui est apporté de l'extérieur soit par la voie digestive, soit par la voie respiratoire. C'est donc par le canal de l'alimentation que l'on peut transformer la composition minérale de ce milieu.

Vous avez dit... la vache !

Poursuivant ses recherches, le Pr Stolkowski entreprend une enquête rétrospective de grande ampleur menée dans 134 fermes, avec l'aide des éleveurs et des vétérinaires du département du Doubs, portant sur la naissance de 25 653 veaux. Les résultats sont publiés en 1967 par l'Académie des sciences de Paris.

Que montre cette étude ?

— Dans les fermes où le régime est équilibré du point de vue des apports en potassium, magnésium et calcium, il naît autant de veaux mâles que de veaux femelles.

— Dans les fermes où l'alimentation comporte une surcharge en potassium, on observe une augmentation des veaux mâles.

— En revanche, dans les fermes où le régime alimentaire subit une diminution du potassium associée à une augmentation du calcium et du magnésium, il naît plus de veaux femelles.

En 1969, Stolkowski et ses collaborateurs poussent leurs recherches un peu plus loin. Ils entreprennent une étude, prospective cette fois, dans 82 fermes où l'on analyse la composition minérale de l'alimentation donnée aux vaches.

Les résultats sont aussi concluants :

— Dans les 30 fermes offrant une alimentation équilibrée (la proportion entre le potassium d'une part et le calcium et magnésium d'autre part est à peu près égale), on obtient 148 mâles et 149 femelles.

— Dans les 52 fermes utilisant un régime riche en calcium et magnésium, on constate la naissance de 340 femelles et 280 mâles.

Après cette seconde étude les choses vont encore se préciser : on prend alors en compte le sodium qui joue un rôle important dans le fonctionnement des glandes surrénales, qui elles-mêmes contrôlent la régulation du potassium dans l'organisme.

Aux études d'observation précédentes, qu'elles soient rétrospectives ou prospectives, vont maintenant succéder des études expérimentales. Il ne s'agit plus d'observer un phénomène mais d'agir, autrement dit de le mettre en œuvre.

Une étude expérimentale, qui consisterait à prescrire un régime alimentaire, est alors entreprise. Dans ce genre d'expérience, la vache est pour les biologistes l'animal de prédilection, car elle a un cycle ovarien très proche de celui de la femme. Malheureusement – tout comme la femme – elle est peu prolifique. Les études prennent donc un certain temps, puisqu'on est obligé d'en passer par le dénombrement des portées. Il est assez difficile en outre de trouver des éleveurs coopératifs acceptant l'idée de modifier l'alimentation d'un troupeau entier. De la vitamine D (qui tient sous sa dépendance la teneur en calcium de l'organisme) est donc injectée à certaines vaches alors que les autres n'en reçoivent pas. Sur les 961 naissances obtenues, 77 veaux provenaient de mères ayant reçu la vitamine D.

Animaux non traités : 380 femelles et 504 mâles soit 57 % en faveur des mâles.

Animaux traités : 49 femelles et 28 mâles soit 63,6 % en faveur des femelles.

Ces résultats parlent d'eux-mêmes et confirment ce qui a été démontré précédemment : un milieu riche en calcium favorise les naissances féminines.

La femme… un animal comme les autres ?

C'est à Montréal, en 1974, au 25e Congrès des gynécologues de langue française que le Pr Stolkowski vient présenter ses travaux et, par analogie avec les observations faites chez l'animal, émet l'hypothèse d'une relation entre l'alimentation de la future mère et le sexe de l'enfant qu'elle attend. À partir de là, de très nombreuses études toutes menées en milieu hospitalo-universitaire, et publiées dans de prestigieuses revues scientifiques et médicales vont venir, sans aucune exception, confirmer cette hypothèse.

La thèse de doctorat soutenue par Michèle Duc en avril 1977, devant la faculté de médecine de Créteil (université du Val-de-Marne), en apporte une éclatante démonstration.

Son travail de recherche, qui inclut 102 femmes n'ayant que des enfants du même sexe et au moins deux, porte sur leurs habitudes alimentaires. 58 d'entre elles n'avaient que des garçons et 44 que des filles. Minutieusement, l'auteur étudie, aliment par aliment, la composition minérale de leur alimentation en calculant pour chacune d'elles le rapport potassium+sodium/calcium+ magnésium. Les résultats sont indiqués dans le tableau suivant :

Valeurs du rapport $K^{+}+Na^{+}/Ca^{++}+Mg^{++}$
chez 102 femmes n'ayant que des enfants
du même sexe (Thèse M. Duc, Créteil 1977)

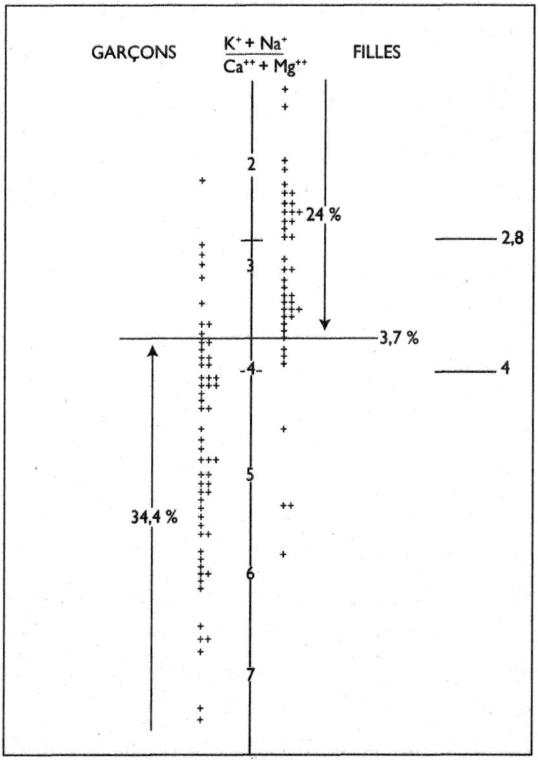

Que constatons-nous ?

— 84,4 % des femmes pour lesquelles ce rapport est supérieur à 4 n'ont que des garçons. Ces femmes ont, par habitude, une alimentation riche en potassium et en sodium (viande, fruits...) et au contraire pauvre en calcium et magnésium (lait, laitages...).

— 84 % des femmes pour lesquelles ce rapport est inférieur à 2 n'ont que des filles. Leurs habitudes alimentaires sont exactement inverses avec un apport en calcium et magnésium beaucoup plus important que les précédentes.

— Pour les femmes dont le rapport se situe entre 2 et 4, là ou les apports minéraux sont équilibrés, on note l'équilibre entre garçons et filles.

Cette étude montre à l'évidence la relation existant entre les habitudes alimentaires et plus précisément les apports en sels minéraux et le sexe des enfants. Elle prouve que les femmes qui n'ont que des enfants du même sexe ont, dans leur immense majorité, des habitudes alimentaires orientées et spécifiques. Quant à celles dont les habitudes alimentaires sont intermédiaires, de type « neutre », elles ont autant de chance d'avoir une fille ou un garçon.

C'est une énorme révélation, c'est une véritable révolution.

En 1977, les premiers résultats du contrôle du sexe de l'enfant par la méthode du régime alimentaire sont publiés par Stolkowski dans la *Revue française d'endocrinologie clinique.* Cette même année, les résultats obtenus avec la méthode du régime alimentaire au Centre hospitalier de Puteaux (université Paris-V) dans le service du Pr Choukroun sont présentés lors des Journées nationales de la société française de médecine périnatale. Cette étude, publiée l'année suivante, sera d'ailleurs poursuivie jusqu'en 1996 et le bilan rendu public cette année-là dans *Le Quotidien du médecin* montre un taux de réussite de 91 %. Cela devient très convaincant et d'autres équipes universitaires s'intéressent alors à cette méthode.

Le 14 janvier 1977, commence une étude qui va faire date, menée à la maternité de Port-Royal à Paris. Toutes les femmes désireuses d'y participer sont acceptées, à la seule condition d'être bien-portantes. Elles sont bien sûr informées des contraintes liées au caractère expérimental de ce travail de recherche comme nous allons le voir. En effet, les médecins s'interrogent : combien de futures mamans vont réellement suivre le régime, car dans tout régime, y compris chez des personnes très motivées, risquent de se glisser des écarts, des entorses voire des abandons. Afin d'exercer une surveillance précise, ils demandent aux patientes d'utiliser un petit carnet sur lequel elles doivent noter tout ce qui est absorbé (liquide et solides) dans la journée. Les jeunes femmes doivent venir une fois par mois en consultation, avec leur carnet de régime. Cette façon de procéder permet un contrôle objectif du régime, d'en vérifier avec la future maman le bon suivi, ou au contraire d'en relever les erreurs.

Bien vite on constate que toutes les femmes ne tiennent pas leur carnet de régime à jour. Certaines le commencent pleines de bonnes résolutions, mais abandonnent en route et ne le rapportent pas en consultation. Il faut reconnaître qu'il s'agit d'une contrainte importante. On décide alors de les croire sur parole, mais en distinguant leurs résultats de ceux du groupe précédent. De plus, on se rend compte que si beaucoup de patientes suivent parfaitement le régime, d'autres, comme on pouvait s'y attendre, font des écarts, plus ou moins importants. À partir de là, le protocole retenu pour l'exploitation des résultats de ce travail va répartir les patientes en cinq groupes suivant le bon ou non suivi du régime et la manière dont ces informations ont été recueillies.

Chose essentielle du point de vue scientifique, et pour éviter ce que les statisticiens appellent un biais qui pourrait fausser les résultats, il faut impérativement que ce classement ait lieu avant d'avoir connaissance du sexe de l'enfant, autrement dit dès le début de la grossesse.

Quels sont ces cinq groupes ?

Groupe 1 : le régime a été suivi scrupuleusement, sans écart, et sous contrôle puisque nous disposons de la totalité des carnets qui couvrent toute la durée du régime jusqu'au début de la grossesse.

Groupe 2 : les patients disent avoir parfaitement suivi le régime, mais nous ne disposons pas de la totalité des carnets.

Groupes 3 et 4 : les futures mamans ont mal suivi le régime – soit parce que leurs carnets révèlent des écarts significatifs (groupe 3) – soit parce qu'elles nous ont dit avoir fait des entorses au régime (groupe 4).

Groupe 5 : les patientes n'ont pas appliqué la méthode. C'est, par exemple, le cas de celles qui ont commencé le régime alors qu'elles étaient déjà enceintes mais elles ne le savaient pas encore, ou de celles qui l'ont abandonné avant d'être enceintes.

Quelques très rares patientes ont été perdues de vue après leur consultation initiale. Leur nombre est suffisamment faible pour ne pas risquer de fausser les résultats.

Voici les résultats obtenus après deux années d'études :

Dans les deux premiers groupes, c'est-à-dire, ceux des femmes ayant appliqué la méthode en suivant bien le régime prescrit on obtient 77,6 % de réussite.

Dans les groupes 3 et 4, ceux des femmes n'ayant pas appliqué la méthode puisque le régime n'a pas été bien suivi, le pourcentage de réussite n'est plus que de 52 %.

Devant de tels résultats la démarche scientifique consiste, comme c'est toujours le cas, à s'interroger sur leur signification et sur la part du hasard (qu'on peut aussi appeler la chance) qui pourrait les expliquer sans que le régime y soit pour quelque chose. C'est là qu'intervient cet outil mathématique extrêmement rigoureux qu'est le calcul des statistiques et des probabilités. Pour savoir si un résultat est ou non le fruit du hasard, les statisticiens calculent ce qu'ils appellent la valeur de p (petit p comme p… robabilité). Un résultat est significatif, c'est-à-dire qu'il est improbable qu'il soit dû au simple hasard, si la valeur de p ne dépasse pas 5 %.

Cette étude, avec un résultat p de l'ordre de 1 %, ne laisse alors plus aucun doute sur l'efficacité du régime.

Que découvre-t-on encore ?

D'abord que les demandes de garçons et de filles se répartissent d'une manière très équilibrée car, sur les 215 patients, 100 souhaitaient avoir une fille, et les 115 autres un garçon.

Ensuite que près des deux tiers des patientes abandonnent en cours de route. Précisons toutefois que le taux de suivi s'est considérablement amélioré depuis, puisqu'il est actuellement de l'ordre de 72 %. Il est vraisemblable que le caractère expérimental de cette recherche ait découragé plusieurs futures mamans en raison de l'incertitude de son résultat, puisque cette étude était en cours. Avec le recul et les résultats dont nous disposons maintenant, l'efficacité du régime étant démontrée, il est certain que la motivation est beaucoup plus grande et le taux d'abandon n'est plus actuellement que de moins de 30 %.

Les deux régimes ont la même efficacité, avec pratiquement le même taux de succès.

Enfin, et ce point a été, bien entendu, particulièrement surveillé : tous les nourrissons sont d'un poids normal et bien-portants à la naissance. Il n'y a aucune différence ni dans le déroulement de la grossesse ni dans celui de l'accouchement entre les mamans ayant suivi le régime et les autres en dehors du sex-ratio.

Cette étude a été poursuivie, ce qui, en augmentant le nombre de femmes surveillées pour le régime (ce qu'on appelle aussi – toujours en statistique ! – l'échantillon), a permis de préciser davantage le taux de réussite qui se situe aujourd'hui autour de 88,5 % (en fait dans un intervalle compris entre 87 et 91 %).

En 1980, une étude rétrospective menée à l'université de Montréal (Canada) par les Prs Lorrain et Gagnon (maternité du Sacré-Cœur) et portant sur les habitudes alimentaires de 100 femmes n'ayant que des enfants du même sexe montre que 40 parmi les 50 femmes qui n'ont que des garçons ont une alimentation très salée (aussi bien en ce qui concerne le sel proprement dit que le choix des aliments). Sur les 50 femmes n'ayant que des filles, 40 ont un régime pauvre en sodium et riche en calcium et magnésium.

Parallèlement, ces mêmes chercheurs procèdent d'une autre façon, tout aussi passionnante. Ils tentent de prévoir le sexe des enfants à naître chez 50 femmes ayant des habitudes alimentaires bien spécifiques. 30 de ces femmes ont une alimentation de type garçon et 21, une alimentation de type fille. Les 30 premières donneront naissance à 24 garçons et 6 filles alors que les 20 dernières mettront au monde 16 filles et 4 garçons. Ils montrent ainsi qu'il est parfaitement possible, à partir des habitudes alimentaires de la future maman, et plus précisément des apports en sels minéraux, de prédire le sexe de son enfant avec une probabilité de 80 %. Ces résultats sont présentés lors du colloque consacré à cette méthode au cours des Journées internationales de gynécologie-obstétrique à Puteaux en 1984.

C'est en Belgique cette fois que l'enquête, extrêmement rigoureuse, menée à la maternité d'un des grands hôpitaux universitaires de Bruxelles et publiée en 1986 conclut : « L'influence du rapport ionique de l'alimentation de la femme au moment de la conception sur la détermination du sexe de sa descendance semble à nouveau confirmée dans des limites proches de 80 %, ce qui s'inscrit dans la ligne de l'étude de M. Duc. »

Une étape supplémentaire est franchie trois ans plus tard avec la publication, en 1986 et 1988, de deux nouvelles séries d'observations consacrées à l'étude de l'influence du régime alimentaire de la mère sur le sexe de l'enfant :

— Celle observée par une équipe de l'Inserm en France, avec une très importante modification du sex-ratio à 2,83 soit 74 % sous l'influence du régime fille.

— Celle faite à l'hôpital Rothschild à Paris, qui confirme avec un taux de réussite de 85 %, l'efficacité de la méthode du régime alimentaire pour programmer le sexe de son enfant.

En avril 2008, l'Académie royale des sciences à Londres publie les travaux de chercheurs de l'université d'Oxford et d'Exeter en Angleterre. Le titre de cette publication scientifique est particulièrement évocateur : « *You are what your mother eats : evidence for maternal preconception diet influencing fœtal sex in humans.* » Ce qui peut se traduire par : « Vous êtes ce que mange votre mère : preuves de l'influence du régime alimentaire maternel, suivi avant la conception, sur le sexe du fœtus chez les humains. » Extrêmement rigoureuse, cette étude scientifique, portant sur un groupe de 740 femmes, met en évidence l'importance des apports nutritionnels maternels sur le déterminisme du sexe de l'enfant. On note là encore une augmentation de la proportion des garçons sous l'influence d'une alimentation plus calorique et plus riche en aliments salés.

Si l'histoire de cette découverte s'arrête là, que de chemin parcouru en cinquante ans depuis les premières observations de Stolkowski ! Cette aventure est riche d'enseignements. Elle nous montre combien d'études, d'efforts, de recherches, de patience sont nécessaires pour faire progresser nos connaissances. Aujourd'hui, grâce au travail des différentes équipes de chercheurs, les futures mamans disposent d'une méthode naturelle, fiable, sûre et sans danger pour réussir près de 9 fois sur 10 à avoir le garçon ou la fille qu'elles désirent.

5. Le régime... Mode d'emploi

Pour comprendre

Madame X, monsieur Y. Eh oui, la différence entre homme et femme ne tient qu'à un tout petit filament d'une molécule d'ADN (acide désoxyribonucléique) appelé chromosome sexuel dont il existe deux types différents : l'un plus grand a été baptisé X et donnera une fille ; l'autre plus petit appelé Y donnera un garçon ! Et ce chromosome-là, c'est le spermatozoïde qui féconde l'ovule qui l'apporte. L'analyse du sperme en laboratoire, à l'aide de techniques très sophistiquées, permet en effet de reconnaître deux sortes de spermatozoïdes parmi les millions présents. La moitié d'entre eux porte un chromosome X, l'autre moitié un chromosome Y. Chose remarquable, leur proportion est toujours la même : 50 %.

Le sexe du bébé, comme on l'entend souvent, dépend donc du père ? Pas vraiment. Voyons pourquoi. Après le rapport sexuel, l'ovule maternel, qui se trouve dans une des deux trompes de l'utérus, est entouré de plusieurs dizaines de spermatozoïdes, mais un seul va franchir la membrane qui entoure l'ovule pour le féconder. Aussitôt toutes les portes d'entrée de l'ovule situées sur cette membrane, on les appelle aussi récepteurs de membrane, se ferment et dès lors plus aucun autre spermatozoïde ne peut entrer. Voilà pourquoi le sexe de l'embryon ne dépend pas du père, comme on l'entend souvent, mais du spermatozoïde qui féconde l'ovule. Ce spermatozoïde, appelons-le l'heureux élu, a en fait été choisi... par l'ovule, autrement dit... par la mère !

Et c'est là que le régime alimentaire maternel intervient pour sélectionner le sexe de l'embryon. Tout se passe comme si l'équilibre ionique entre le calcium et le magnésium d'une part et le sodium et le potassium d'autre part commandait l'ouverture ou la fermeture de ces récepteurs de membrane, c'est-à-dire des portes d'entrée dans l'ovule. Dans le régime garçon, les récepteurs X se ferment. Pas tous, bien sûr, sinon le taux de réussite du régime atteindrait 100 %, mais la majorité d'entre eux, près de 90 %. C'est l'inverse qui a lieu dans le régime fille avec la fermeture des récepteurs Y dans des proportions identiques.

Les aliments solides ou liquides, que nous absorbons quotidiennement, contiennent tous des sels minéraux, quatre d'entre eux sont essentiels, à savoir le sodium (Na), le potassium (K), le calcium (Ca) et le magnésium (Mg). Ces sels minéraux se trouvent en quantité et en proportions variables selon les aliments. Voyons maintenant comment ils agissent.

Dans les organismes vivants, les sels minéraux jouent un rôle métabolique majeur, notamment au niveau cellulaire. Ils interviennent en solution sous forme ionisée – chaque atome est porteur d'une ou plusieurs charges électriques positives (cation) ou négatives (anion). C'est pour cette raison qu'en biologie leur concentration est exprimée non pas en milligramme mais en milliéquivalent-gramme (mEq), unité de mesure qui tient compte de leur charge électrique (le nombre de charges électriques est appelé valence). La conversion de la teneur des aliments en sels minéraux exprimée en grammes, vers la teneur exprimée en équivalent-gramme fait aussi intervenir la masse atomique[1] de ces différents sels

1. Masse atomique : Na = 23 ; K = 39 ; Ca = 40 ; Mg = 24,3.

minéraux. Ce calcul utilise la formule mathématique suivante : poids en milligramme × valence / masse atomique.

Prenons deux exemples :

Le calcium en solution est un cation porteur de 2 charges électriques positives (il est représenté par le symbole Ca^{2+}).

100 mg de calcium = 5 mEq de calcium

Le sodium en solution est un cation porteur d'une seule charge électrique (il est représenté par le symbole Na^{+}) :

100 mg de sodium = 4,35 mEq de sodium

C'est le rapport **R = Na^{+} + K^{+} / Ca^{2+} + Mg^{2+}** des apports nutritionnels journaliers moyens de la future mère (exprimés en milliéquivalent-gramme) qui joue le rôle déterminant comme nous l'avons vu dans le précédent chapitre. Lorsque la valeur de ce rapport augmente, la proportion des garçons augmente. Lorsque la valeur de ce rapport baisse, c'est le contraire qui se produit, et c'est la proportion des filles qui augmente.

Ce phénomène apparaît nettement dans le tableau suivant :

R	inférieure **2,8** compris entre **4** supérieure		
Sexe des enfants	Filles = 91,4 %	Filles = 50 %	Filles = 8,3 %
	Garçons = 8,6 %	Garçons = 50 %	Garçons = 91,7 %

Que constatons-nous ?

Dans plus de 90 % des cas, quand l'alimentation maternelle se caractérise par une valeur de R inférieure à 2,8, les femmes ont une fille.

Inversement, lorsque cette valeur est supérieure à 4, c'est un garçon qui naît.

Pour des valeurs intermédiaires, comprises entre 2,8 et 4, il y a autant de garçons que de filles à la naissance.

Ce rapport est donc calculé pour chaque aliment et c'est sur ce critère que sont choisis les aliments autorisés ou interdits. Le tableau ci-contre montre la composition minérale de quelques aliments mesurée en milligramme et en milliéquivalent avec la valeur du rapport R.

On trouvera ci-après la composition minérale et la valeur calorique des principaux aliments [1].

1. D'après tables de composition des aliments. Lucie Randoin et collaborateurs de l'Institut scientifique d'hygiène alimentaire. Éditeur Jacques Lanore, 6e édition 1976.

Ces tableaux indiquent la composition centésimale en sodium, potassium, calcium et magnésium. Les valeurs sont exprimées en milligrammes pour 100 grammes de l'aliment concerné.

Pour 100 g	Na^+ mg	Na^+ mEq	K^+ mg	K^+ mEq	Ca^{++} mg	Ca^{++} mEq	Mg^{++} mg	Mg^{++} mEq	R	Autorisé
Amande	4	0,17	800	20,5	254	12,67	254	20	0,64	Fille
Abricot frais	1	0,04	300	7,67	15	0,75	11	0,9	4,67	Garçon
Carotte	50	2,17	300	7,67	39	1,94	15	1,23	3,10	Fille
Framboise	2	0,08	178	4,5	40	2	20	1,6	1,2	Fille
Lait frais	40	1,74	150	3,83	125	6,24	11	0,9	0,78	Fille
Lentilles	3	0,3	1 000	25,64	60	2,99	80	6,5	5,38	Garçon
Pain	500	21,74	100	2,56	20	0,99	30	2,47	7,02	Garçon
Pain sans sel	15	0,65	100	2,56	20	0,99	30	2,47	0,92	Fille
Viande (bœuf)	70	3,04	300	7,67	10	0,5	20	1,64	5	Garçon*

* limité à 130 g/jour dans le régime fille.

Lait et dérivés
(pour 100 g)

	Lait frais	Yaourt nature	Beurre doux
Sodium *(en mg)*	40	60	22
Potassium *(en mg)*	150	204	12
Calcium *(en mg)*	125	151	12
Magnésium *(en mg)*	11	15	1
Calories	68 (lait entier)	45	752

Mollusques et crustacés
(pour 100 g)

	Crevettes	Crabe	Homard
Sodium *(en mg)*	1 600	366	300
Potassium *(en mg)*	260	271	260
Calcium *(en mg)*	120	30	62
Magnésium *(en mg)*	42	48	34
Calories	96	121	87

Camembert	Cantal	Gruyère	Roquefort
500 à 1 200	500 à 1 200	500 à 1 200	500 à 1 200
100 à 200	100 à 200	100 à 200	100 à 200
180	778	1 000	700
30 à 50	30 à 50	30 à 50	30 à 50
200	380	390	400

Coquille Saint-Jacques	Huîtres	Moules	Caviar
150	200	290	874
420	175	315	422
26	70	100	137
	45	23	22
70	80	72	

Poissons
(pour 100 g)

	Brochet	Anguille	Saumon	Truite	Colin
Sodium *(en mg)*	70	40	60	70	89
Potassium *(en mg)*	300	220	380	380	274
Calcium *(en mg)*	20	18	20	20	64
Magnésium *(en mg)*	30	19	25	25	20
Calories	78	200	114	94	86

Légumes frais
(pour 100 g)

	Artichaut	Asperge	Aubergine	Carotte
Sodium *(en mg)*	42	5	5	50
Potassium *(en mg)*	430	200	220	300
Calcium *(en mg)*	50	21	10	39
Magnésium *(en mg)*		11	12	15
Calories	40	25	29	40

Cabil-laud	Hareng	Limande Sole	Maque-reau	Turbot	Raie
75	100	150		80	75
339	350	250	418	255	240
18	20	120	10	14	20
22	36	29	33	20	24
68	122	73	128	118	89

Champignon	Chou vert	Chou-fleur	Chou rouge
7	18	24	32
500	400	300	302
10	429	22	53
16	34	18	17
28	28	30	38

Légumes frais
(pour 100 g)

	Citrouille	Concombre	Cresson	Endive
Sodium *(en mg)*	3	12	75	10
Potassium *(en mg)*	400	140	300	300
Calcium *(en mg)*	21	10	211	70
Magnésium *(en mg)*	10	9	25	13
Calories	31	12	21	20

Légumes frais
(pour 100 g)

	Persil	Poireau	Petits pois
Sodium *(en mg)*	30	50	4
Potassium *(en mg)*	800	300	315
Calcium *(en mg)*	200	60	26
Magnésium *(en mg)*	30	18	42
Calories	55	42	70

Épinard	Haricots verts	Laitue	Melon	Oignon cuit
100	2	15	19	7
500	260	300	260	180
81	36	60	18	32
50	25	13	15	32
25	23	18	31	40

Poivron	Pommes de terre	Radis	Tomate
0,5	5	14	3
186	500	280	280
11	13	37	11
12	30	12	10
22	86	20	22

Légumes secs
(pour 100 g)

	Haricots blancs
Sodium *(en mg)*	40
Potassium *(en mg)*	1 000
Calcium *(en mg)*	137
Magnésium *(en mg)*	150
Calories	330

Viandes
(pour 100 g)

	Bœuf	Cheval	Agneau Mouton	Veau
Sodium *(en mg)*	70	21	80	35
Potassium *(en mg)*	300	157	300	350
Calcium *(en mg)*	10	13	10	11
Magnésium *(en mg)*	20	23	24	20
Calories	250	110	250	170

Lentilles	Pois cassés	Fèves
3	40	1
1 000	900	1 213
60	130	148
80	33	159
336	351	340

Porc	Canard	Poulet	Dinde
60	80	60	66
300	280	350	360
10	10	12	23
30	15	20	28
300	200	150	270

Fruits frais et séchés
(pour 100 g)

	Abricot frais	Abricot sec	Amande	Ananas	Avocat	Banane fraîche
Sodium *(en mg)*	1	26	4	2	3	3
Potassium *(en mg)*	300	1 600	800	250	680	380
Calcium *(en mg)*	15	80	254	8 à 16	16	11
Magnésium *(en mg)*	11	60	254	11	41	35
Calories	44	272	620	51	200	90

Fruits frais et séchés
(pour 100 g)

	Gro-seille	Man-darine	Orange	Noisette	Pample-mousse
Sodium *(en mg)*	3	2	3	3	2
Potassium *(en mg)*	280	155	187	600	190
Calcium *(en mg)*	36	41	28	200	20
Magnésium *(en mg)*	14	11	11	150	12
Calories	30	40	45	650	45

Banane sèche	Cerise	Châtaigne	Citron	Fraise	Framboise
9	3	7	5	2	2
1 140	250	530	170	150	178
21	18	34	50	30	40
105	12	40	10	13	20
292	75	200	40	40	40

Pêche	Poire	Pomme	Prune	Pruneau	Raisin
3	3	2	3	10	2
230	130	120	250	950	198
8	10	6	15	45	20
10	7	5	9	40	10
50	60	50	64	300	80

Pour faire le régime

Ce sont les aliments qui apportent les substances indispensables à la vie. Celles-ci, appelées aussi nutriments, sont en permanence utilisées, transformées au cours d'innombrables réactions chimiques dans le laboratoire que constitue notre corps. C'est ainsi que s'élabore sans cesse la matière vivante. Ces substances fondamentales se trouvent dans tous les aliments, mais dans des proportions variables, et c'est leur choix en fonction d'un objectif à atteindre qui constitue ce qu'on appelle un régime alimentaire.

L'alimentation nous apporte donc :

— des protéines, matières azotées d'origine animale (viande, poisson, œuf, lait) ou végétale (céréales, légumes) qui fournissent les acides aminés indispensables.

— des glucides ou sucres (glucose, galactose, lactose, saccharose...), sources d'énergie et de chaleur notamment. On les trouve principalement dans les aliments sucrés (miel, confiture, sucre, fruits) et les féculents (céréales telles que riz, pâtes, pain, légumes secs, pommes de terre).

— des lipides ou graisses. Ce sont les matières grasses riches en énergie et en acides gras indispensables.

— des vitamines au nombre d'une dizaine, elles sont désignées par une lettre (vitamine A, B, C D, E, H, K). Leur absence entraîne des troubles graves car l'organisme ne sait pas les synthétiser.

— des sels minéraux indispensables : ils participent à toutes les réactions de la chimie du vivant. Certains sont abondants : le sodium, le potassium, le calcium et le magnésium. D'autre plus rares : le fer, le cuivre, le zinc, l'iode…

Une alimentation équilibrée doit apporter ces différents nutriments dans des proportions convenables au bon fonctionnement de l'organisme. Le régime alimentaire proposé pour orienter le sexe de l'enfant ne doit pas y échapper. C'est dire la nécessité et l'importance de sa surveillance.

RÉGIMES ET MENUS

Quelques recommandations avant de commencer…

Ces régimes mis au point avec l'aide d'équipes de diététiciennes hospitalières répondent strictement aux normes nutritionnelles recommandées par l'OMS (Organisation mondiale de la santé). Aucun risque de carence ou de surcharge n'est donc à craindre lorsqu'ils sont suivis avec soin.

Leur prescription nécessite néanmoins une consultation personnalisée pour chaque future maman, avec un médecin ou un diététicien formé et compétent pour cette méthode. Elle ne saurait se limiter, rappelons-le, à la seule remise d'une liste d'aliments autorisés ou interdits car il est indispensable d'apporter toutes les explications nécessaires, de personnaliser le régime en tenant compte du mode de vie et des habitudes de chaque patiente et de répondre à ses questions.

Un contrôle est conseillé deux à trois semaines après le début du régime pour vérifier que toutes les recommandations ont bien été comprises et sont bien appliquées. À cet effet, la future maman tiendra à jour un carnet de régime sur lequel les aliments consommés (aliments, boissons, médicaments) seront notés, ainsi que toutes les questions ou précisions nécessaires qui seront abordées lors de cette nouvelle consultation.

La liste des ingrédients utilisés pour les plats ou préparations issus de l'industrie agro-alimentaire sera vérifiée (elle figure sur l'emballage). La présence d'un ingrédient non autorisé suffit pour interdire ce plat ou cette préparation.

La durée minimale du régime est de deux mois et demi avant la conception et il doit être suivi sans interruption ni écart jusqu'à confirmation de la grossesse.

Ces régimes comportent un aspect qualitatif (choix des aliments) et un aspect quantitatif (minimum et maximum à respecter). Aucun médicament (pilule contraceptive notamment) autre que le complément minéral prescrit avec le régime ne doit être pris durant le mois qui précède la conception de l'enfant : la prise d'un médicament impose de retarder celle-ci d'un mois. En effet, certains médicaments ou traitements dits naturels (plantes), quelle que soit leur forme d'administration (piqûres, comprimés, suppositoires, gouttes), peuvent interférer avec le régime. Vous prendrez donc le complément en acide folique ainsi que le complément minéral : du potassium pour le régime garçon et du calcium et du magnésium pour le régime fille.

RÉGIME GARÇON

ALIMENTS OBLIGATOIRES

Destinés à assurer un apport quotidien nécessaire en sodium et potassium, les aliments suivants seront OBLIGATOIREMENT consommés CHAQUE JOUR durant toute la durée du régime :

• Sel : saler vos aliments. Aucune quantité minimum n'est exigée, il suffit que vos aliments soient « normalement » salés sans excès.

• À chaque repas (midi et soir) : un plat principal de viande ou de poisson (les quantités sont libres).

• Boissons obligatoires chaque jour :

3 grands verres de jus de fruits (frais, en boîte ou en bouteille mais 100 % pur jus et non pas des boissons aux fruits) 1/2 l de Vichy St-Yorre

• Deux fruits au choix dont une banane de préférence seront consommés chaque jour (la banane pourra éventuellement être remplacée par un second fruit).

• Une fois par jour, l'un des plats suivants devra être pris en entrée (les quantités sont libres) : charcuterie ou poisson fumé (hareng, haddock, sprat, saumon) ou poisson en conserve (thon, sardine, maquereau).

On veillera, de plus, à consommer dans la semaine mais sans caractère obligatoire (aliments conseillés) :

Pommes de terre (quantités libres) 3 fois par semaine minimum

Légumes secs (quantités libres) 2 fois par semaine minimum

Fruits secs, 1 fois par semaine, choisis parmi ceux autorisés : pruneaux, raisins secs, dattes, figues, châtaignes, abricots remplacent le fruit obligatoire chaque jour

ALIMENTS AUTORISÉS

• Tout produit non mentionné dans la liste suivante doit être considéré comme INTERDIT. En cas de doute, mieux vaut ne pas consommer l'aliment en question.

• La consommation de ces aliments n'est pas obligatoire, elle est permise en fonction de votre appétit et de vos goûts.

SEL : Saler normalement vos aliments. Un régime sans sel est incompatible avec le régime garçon.

BOISSONS : Thé, café, Nescafé, tisanes
Jus de fruits frais ou en boîte
Boissons gazeuses : Coca-cola, Schweppes
Eau du robinet

	Eau de source quelle que soit la marque Seule eau minérale autorisée : Vichy St-Yorre Vin, bière, cidre, vins apéritifs, champagne
PRODUITS LAITIERS :	Le beurre ordinaire (beurre doux) est interdit. Une tolérance est admise à raison de 10 g par jour de beurre salé ou de beurre demi-sel. Sont autorisés : Crèmes et entremets sans lait (voir recettes). Sauce blanche sans lait (voir recettes)
VIANDES :	Toutes les viandes y compris les viandes crues Toutes les charcuteries
POISSONS :	Tous les poissons y compris les poissons crus Sont particulièrement recommandés : les poissons séchés, les poissons salés (morue), les poissons fumés (hareng, haddock, sprats, saumon), les conserves (sardine, saumon, thon, maquereaux au vin blanc).
ŒUFS :	Les préparations contenant des œufs telles que pâtisseries, pâtes aux œufs, mayonnaise, crème, sauce ou entremets sans lait sont tolérées 1 à 2 fois par semaine.

CÉRÉALES :	Blé (pain, pâtes alimentaires, semoule, boulgour, germe de blé…), maïs, orge, avoine, riz, quinoa…
PAINS :	Pain ordinaire Biscottes Biscuits secs (sans lait ni beurre) Biscuits salés apéritif
PÂTISSERIES :	Toutes les pâtisseries sans produits laitiers (beurre, lait, crème) sont autorisées.
LÉGUMES :	La plupart des légumes frais, en boîte ou surgelés sont autorisés. La mâche est la seule salade autorisée. La choucroute est autorisée. Tous les légumes secs sont autorisés : haricots secs, pois cassés, pois chiches, fèves, lentilles.
FRUITS :	Tous les fruits frais, en boîte ou surgelés Tous les jus de fruits Les fruits secs suivants sont permis : pruneaux, raisins secs, dattes, figues, châtaignes, marrons, abricots, bananes.
Divers :	Sucre, miel, confitures ou gelées de fruits Sorbets aux fruits Matières grasses : toutes les huiles, toutes les margarines sont autorisées à

condition de ne pas comporter de lait dans leur composition (à vérifier sur l'emballage).
Olives, cornichons, câpres
Tous les vinaigres
Potages du commerce en sachet ou en boîte y compris les bouillons
Kub, Viandox, Maggi
Graines de courge, sésame, lin, tournesol
Toutes les épices sont autorisées *(seule la moutarde est interdite)*.

ALIMENTS INTERDITS

• Tout aliment non mentionné dans la liste précédente des aliments autorisés doit être considéré comme interdit. En cas de doute mieux vaut ne pas consommer l'aliment en question.

• La liste suivante des aliments interdits n'est donc pas limitative. Elle a pour but d'apporter quelques précisions sur certains points du régime garçon.

BOISSONS : Toutes les eaux minérales (Evian, Contrex, Perrier, etc.) sauf Vichy
St-Yorre
Chocolat

Produits laitiers :	Le lait et tous les produits laitiers sont interdits notamment : Beurre ordinaire (seul le beurre demi-sel est toléré à raison de 10 g maximum par jour) Tous les fromages Tous les laitages : yaourt, petits-suisses, fromage blanc... Tous les desserts au lait, industriels ou maison Glaces, flans, crème fraîche, chantilly, sauce béchamel...
Poissons :	Crustacés (crevettes, crabe, langouste, homard, écrevisses...). Coquillages (moules, huîtres, clams, praires, bigorneaux, bulots, coquilles Saint-Jacques).
Œufs :	Les œufs sont interdits en plat principal tels que : omelette, œufs durs, œufs frits, œufs pochés, œufs à la coque.
Pain et pâtisserie :	Le pain ordinaire et les biscottes sont autorisés. Toute autre variété de pain est interdite, par exemple, pain au lait, pain sans sel, pain fantaisie... Toutes les pâtisseries au lait, au beurre, à la crème, à la chantilly. Crêpes, gaufres

LÉGUMES :	Salades vertes, choux y compris choux-fleurs, brocolis, bettes, épinards, endives, cresson, pissenlits, chicorée sont interdits. Le soja sous toutes ses formes (lait, germes, tofu).
FRUITS :	Sont interdits, même salés, amandes, noix, noisettes, cacahuètes, noix de coco, noix de pécan, noix de cajou, pignons de pin, pistaches.
DIVERS :	Les confiseries, le cacao, le chocolat. La moutarde.

CONSEILS CULINAIRES ET RECETTES

• Saler au maximum les aliments

— Utiliser le plus possible de champignons, olives, cornichons dans les garnitures (pour viandes ou poissons).

— Tous les modes de cuisson sont autorisés (rôtis, grillades, fritures, braisés, court-bouillon...).

• Assaisonner et parfumer les légumes avec des bouillons Kub ou Maggi.

Exemples de recettes à utiliser :

Plats salés :

Sauce blanche (farine + bouillon + jaune d'œuf facultatif) garnie de champignons et de jambon fumé coupé en dés.

Viande cuisinée avec, soit : pommes de terre vinaigrette
oignons revenus à la poêle accompagnés de frites
ajoutée à une sauce tomate et accompagnant des pâtes

Desserts :

Cake, tarte aux fruits garnie de crème pâtissière sans lait (voir recette), gâteau aux pommes.

Recettes sans lait :

Crème pâtissière sans lait (pour 4 personnes)

1/2 l d'eau, 75 g de sucre, 15 g de maïzena, 15 g de farine, 3 jaunes d'œufs, parfum.

Mélanger les jaunes et le sucre, puis ajouter la farine et la maïzena, l'eau et le parfum.

Cuire à feu doux en tournant sans arrêt.

Ajouter 1 cuil. à soupe de beurre 1/2 sel.

Riz ou semoule sans lait (pour 4 personnes)

80 g de semoule, 3 jaunes d'œufs, 30 g de sucre.
Caramel avec 40 g de sucre.
Faire cuire riz ou semoule dans l'eau.
Ajouter le sucre et le parfum, puis les jaunes d'œufs.
Verser dans un moule caramélisé, mettre au four doux 30 minutes.

Exemple de répartition :

Petit déjeuner :	Café ou thé sans lait Pain ou biscottes Beurre salé (facultatif), miel ou confiture 1 grand verre de jus de fruits
Déjeuner :	Charcuterie ou poisson en boîte ou fumé ou jambon fumé Viande ou poisson ou jambon Pommes de terre ou légumes secs ou riz ou pâtes Pain ou biscottes 1 fruit
Goûter :	1 verre de jus de fruits 1 banane
Dîner :	Potage aux légumes ou légumes Viande ou poisson ou jambon

Pâtes ou riz ou pommes de terre
(selon appétit)
Dessert sans lait 2 fois par semaine
Pain ou biscottes
1 fruit ou fruits secs
1 verre de jus de fruits

1/2 litre de Vichy St-Yorre à boire dans la journée.

MENUS RÉGIME GARÇON

IMPORTANT

• Les menus suivants, qui sont facultatifs, ont été établis par période de 8 jours, en tenant compte de la répartition des apports sur cette durée. Il convient donc de les utiliser par fraction entière de 8 jours.

• — Ces menus ne concernent que les repas principaux de midi et du soir. Il y a lieu de tenir compte par ailleurs des recommandations concernant les boissons, et en particulier de rajouter les 3 grands verres de jus de fruits, le 1/2 litre de Vichy St-Yorre, 1 banane + un autre fruit par jour.

1re SEMAINE

	MIDI	SOIR
1er jour	Sardines à l'huile Steak grillé (150 g) Haricots verts	Potage de légumes Corned-beef (100 g) Pommes de terre vinaigrette (200 g)
2e jour	Saucisson sec (3 tranches) Poulet rôti Petits pois (220 g)	Potage de légumes Jambon (100 g) Un gros artichaut vinaigrette
3e jour	Jambon fumé (50 g) 2 côtes de mouton (150 g) grillées aux herbes Haricots blancs (200 g)	Salade de mâche + betterave rouge + maïs en salade + poulet

4e jour	Maquereau au vin blanc Steak haché (150 g) Pâtes au beurre	Potage de légumes Poisson sauce blanche (150 g) Riz créole Cake
5e jour	Hareng à l'huile Jarret de veau sauté (100 g) Riz à la tomate	Potage de légumes Choucroute garnie de charcuteries fumées
6e jour	Thon mayonnaise + macédoine (sans moutarde) Rosbif (130 g) Frites (300 g) Tarte aux abricots secs	Pizza (sans fromage) Une côtelette de veau + champignons + lardons Salsifis sautés (200 g)
7e jour	Salade de champignons (100 g) Petit salé (150 g) Lentilles (200 g)	Potage Kub ou Viandox Rosbif froid (100 g) + cornichons Ratatouille (200 g) froide ou chaude

2e SEMAINE

	MIDI	SOIR
8e jour	Saucisson à l'ail Steak (130 g) Carottes sautées au cumin (200 g)	Potage de légumes Haddock + citron Pommes vapeur
9e jour	Pâté de tête Saucisses fumées (150 g) Haricots rouges (200 g)	Salade de mâche Corned-beef aux oignons (150 g) Frites (200 g)
10e jour	Rillettes Cœur braisé (130 g) Pâtes sauce tomate	Potage de légumes Hachis parmentier : viande (130 g) + pommes de terre (150 g) Un artichaut vinaigrette

11e jour	Saucisson sec Rôti de veau (100 g) Céleri-rave (200 g)	Bouillon Kub ou Maggi ou Viandox Poisson au four Riz aux champignons Quatre-quarts
12e jour	Champignons à la grecque Foie grillé au bacon (130 g) Courgettes à l'ail (200 g)	Potage de légumes Lapin aux herbes (130 g) + vin blanc Pommes de terre vapeur (200 g)
13e jour	Jambon cru fumé Volaille au four (150 g) Pommes de terre sautées (150 g) + tomates à la provençale (100 g) Tarte aux pruneaux	Potage de légumes Côte de porc grillée Purée de pois cassés (200 g)
14e jour	Maquereau au vin blanc Rôti de dindonneau (130 g) Jardinière de légumes (200 g)	Potage de pot au feu Pot au feu (130 g) Légumes du pot au feu

RÉGIME FILLE

ALIMENTS OBLIGATOIRES

Destinés à assurer un apport quotidien nécessaire en calcium et en magnésium, les produits suivants doivent OBLIGATOIREMENT être consommés CHAQUE JOUR pendant toute la durée du régime :

- lait : 3/4 litre au moins
- yaourt, petits-suisses, fromage blanc, entremets au lait : 2 fois par jour au moins

ALIMENTS AUTORISÉS

- Tout produit non mentionné dans la liste suivante doit être considéré comme INTERDIT. En cas de doute, mieux vaut ne pas consommer l'aliment en question.
- La consommation de ces aliments n'est pas obligatoire, elle est permise en fonction de votre appétit et de vos goûts.

BOISSONS : Eau du robinet. Eaux de source en bouteille (quelle que soit la marque)
Eaux minérales calciques : Evian, Hépar, Vittel, Perrier, Contrex

VIANDES : 130 g par jour maximum
Bœuf, veau, volaille, abats, agneau, mouton, porc, lapin.
Les viandes crues sont autorisées.

POISSONS : 130 g par jour maximum [1]
Dans le cas où la consommation de poisson serait supérieure à trois fois par semaine les poissons frais ou surgelés seront cuits exclusivement au court-bouillon sans sel *(court-bouillon du commerce en sachet : interdit)* et cuisinés ensuite (sans sel)
Les poissons crus sont autorisés.

LÉGUMES : Pommes de terre : 150 g maximum à chaque fois et pas plus de 3 fois par semaine.
Légumes frais ou surgelés : carottes, haricots verts, navets, oignons, poireaux, tomate, petits pois, concombre, bettes, brocoli, radis, patate douce, poivrons, cresson, chicorée, endive, céleri-rave, céleri branche, salsifis, aubergine, asperges fraîches, salade verte *sauf mâche*, cardon (1 fois tous les 15 jours), artichaut (1 fois tous les 15 jours seulement).

1. Les quantités indiquées correspondent au poids de la partie comestible de l'aliment avant cuisson : 130 g est la quantité maxima journalière obtenue en additionnant la viande et le poisson.

ŒUFS :	Autorisés
PRODUITS LAITIERS :	Lait (entier, demi-écrémé, écrémé). Rappel : 3/4 l au moins obligatoires chaque jour Beurre sans sel encore appelé beurre doux. *Attention le beurre demi-sel (qui contient entre 3 et 5 % de sel) et le beurre salé (qui en contient 5 %) sont interdits.* Crème fraîche. Yaourts, petits-suisses, fromages blancs, Mascarpone, entremets au lait obligatoires au moins 2 fois par jour en plus des 3/4 l lait (laitages nature ou aromatisés [1] ou aux fruits autorisés).
PAINS ET PÂTISSERIES :	Pain et biscottes sans sel Pâtisseries faites à la maison sans sel et sans levure chimique Levure du boulanger Glaces faites à la maison (Les glaces industrielles sont souvent salées. À vérifier sur l'étiquette.)
CÉRÉALES :	Riz, pâtes, semoule, tapioca, farine, Maïzena, blé dur concassé type Boulgour, quinoa, germe de blé

1. Les arômes naturels et artificiels sont autorisés. Il s'agit de substances chimiques naturelles extraites du fruit ou artificielles obtenues par synthèse qui imitent ou reproduisent le goût du fruit. En revanche, les yaourts au café ou au chocolat sont interdits.

FRUITS :	Fruits frais, surgelés ou au sirop : pommes, poires, clémentines, fraises, framboises, gingembre Les ananas, prunes et pêches sont autorisés uniquement en conserve et au sirop sans leur jus Fruits secs non salés : noix, noisettes, amandes, cacahuètes, noix de pécan, noix de cajou, pignon de pin, pistache
SUCRERIES :	Confitures : pas plus d'une fois par jour Gelées de fruits : pas plus d'une fois par jour Sucre, miel.
DIVERS :	Toutes les huiles végétales Vinaigre d'alcool (vinaigre blanc) Poivre Épices Graines de courge, sésame, lin, tournesol Moutarde sans sel Feuilles de gélatine Sauces faites à la maison sans sel

ALIMENTS INTERDITS

• Tout aliment non mentionné dans la liste précédente des aliments autorisés doit être considéré comme interdit. En cas de doute mieux vaut ne pas consommer l'aliment en question.

• La liste des aliments interdits qui suit n'est donc pas limitative. Elle a pour but d'apporter quelques précisions sur certains points du régime fille.

SEL :	Ne pas saler les aliments Tout cuire sans sel Ne pas utiliser de sel de remplacement : sel de céleri, d'ail, d'oignons
BOISSONS :	Café, Nescafé, thé, chocolat, tisanes Lait de soja Eaux minérales autres que celles autorisées Jus de fruits frais ou en boîte Boissons gazeuses : Coca-Cola, Schweppes, etc. Vin, champagne, bière, cidre, liqueurs, apéritifs
VIANDES ET CHARCUTERIES :	Toutes les charcuteries y compris le jambon Viandes salées, fumées, séchées Viandes prêtes à cuire : rôti en gelée, rôti de dindonneau, quenelles de viande
POISSONS :	Poissons panés surgelés Poissons fumés, séchés, salés (exemple : harengs, sprats, morue, haddock, anchois)

	Poissons en marinade. Poissons en conserve (exemple : sardines, thon, saumon, foie de morue) Crustacés (crevettes, crabe, langouste, homard, écrevisses...) Coquillages (moules, huîtres, clams, praires, bigorneaux, bulots, coquilles Saint-Jacques) Œufs de poisson (Tarama, etc.) Quenelles de poisson Beurre d'anchois, de crevette Escargots
PRODUITS LAITIERS :	Tous les fromages sont interdits Beurre demi-sel ou salé Margarines
PAINS ET CÉRÉALES :	Pain ordinaire. Pains fantaisie : pain au lait, pain au chocolat, pain aux raisins, pain complet, pain de seigle Biscottes ordinaires Quiches, pizzas, biscuits apéritif, etc. Glaces du commerce Maïs, pop-corn
LÉGUMES :	Chips du commerce Soja (lait, germes, tofu) Épinards, tous les choux (y compris chou-fleur et choucroute), betterave rouge, champignons, courgettes, avocat, fenouil, potiron, oseille, radis noir, topinambour.

	Légumes secs : pois cassés, fèves, pois-chiches, haricots secs, lentilles
FRUITS :	Ananas, coings, prunes, pêches, abricots, cerises, bananes, oranges, melon, citron, pamplemousse, groseilles, cassis, mûre, myrtille, brugnon, mirabelle, nectarine, quetsche, pastèque, raisin, figue fraîche, grenade, goyave, kiwi, litchi, mangue, rhubarbe. Fruits secs : abricots secs, dattes, figues, raisins secs, châtaignes et marrons (y compris marrons glacés), pruneaux, noix de coco Jus de fruits frais ou en boîte et boissons aux fruits Sorbets
SUCRERIES :	Chocolat : noir ou au lait. Bonbons et pastilles. Réglisse.
DIVERS :	Moutardes, olives, cornichons, câpres, marinades, saumures, sauce soja, ngoc mam. Vinaigre de vin et vinaigre balsamique Levure chimique, bicarbonate de soude Menthe Potages du commerce en sachet ou en boîte y compris Kub, Viandox, etc.

Mayonnaises en pot, sauces en pot ou sachet, vinaigrettes du commerce
Gelée en sachet
Sauces tomates, concentrés et toutes les sauces en boîte, tube ou sachet du commerce (y compris Ketchup)
Toutes les conserves de légumes, de viande, de poisson, de plats cuisinés sauf fruits au sirop sans leur jus.
Plats cuisinés tout prêts en conserve, frais ou surgelés

CONSEILS CULINAIRES

• NE PAS UTILISER DE SEL DE REMPLACEMENT. TOUT CUIRE SANS SEL.

• Afin de relever le goût des aliments, on peut utiliser les épices (attention aux mélanges d'épices comme le curry, qui peuvent contenir du sel : vérifier la composition) l'oignon, l'ail, les herbes de Provence.

• Tous les modes de cuisson sont autorisés (rôtis, grillades, fritures, braisés, court-bouillon).

• Afin d'utiliser le maximum de lait dans les préparations, penser aux accompagnements comme béchamel ou flan (voir les idées de recettes).

Exemples de recettes à utiliser :

Tarte aux oignons sans sel
Tarte aux poireaux
Ratatouille sans sel
Soupe de cresson + crème sans sel
Soupe à l'oignon sans sel (sans gratin)
Soufflé sans sel au poisson (équivalence de viande)
Sauce béchamel aromatisée avec noix de muscade râpée
Crèmes, renversée, pâtissière, anglaise (+ vanille ou caramel), chantilly
Glace maison (crème anglaise + crème fraîche)
Riz, semoule, tapioca au lait + caramel
Crêpes (pâte sans sel) : avec garniture de hachis de volaille, poisson, viande (sans dépasser les 130 g autorisés par jour) et béchamel
: avec garniture sucrée.

Exemple de répartition :

Petit déjeuner : Café ou thé ou chocolat très légers (bien qu'interdit, il s'agit d'une tolérance)
Lait frais ou en poudre
Pain ou biscottes sans sel
Beurre, gelée ou miel

Déjeuner :	Viande ou poisson 120 à 130 g Pâtes ou riz ou semoule Laitage 1 fruit cru permis Pain ou biscottes sans sel 1 verre de lait
Goûter :	1 verre de lait ou un yaourt
Dîner :	150 g de légumes frais permis en potage ou en plat, remplacés 3 fois par semaine par 150 g de pommes de terre Pâtes ou riz ou semoule (selon appétit) Laitage ou entremets Pain ou biscottes sans sel 1 verre de lait
À grignoter :	amandes, noisettes sans sel

MENUS RÉGIME FILLE

IMPORTANT

• Les menus suivants, qui sont facultatifs, ont été établis par période de 8 jours, en tenant compte de la répartition des apports sur cette durée. Il convient donc de les utiliser par fraction entière de 8 jours.

• Ces menus ne concernent que les repas principaux de midi et du soir. Il y a lieu de tenir compte des recommandations concernant les boissons et en particulier de rajouter les **3/4 litre de lait** minimum obligatoires chaque jour.

1re SEMAINE

	MIDI	SOIR
1er jour	Grillade (bœuf ou cheval) 100 g Frites 100 g Petits-suisses Pêche au sirop sans jus	Gnocchi de semoule sauce tomate Yaourt Pomme crue
2e jour	2 petites tomates farcies avec 100 g de viande hachée + riz + herbes Yaourt Compote de pomme	Pâtes en flan à la noix de muscade Fromage blanc Orange
3e jour	Salade verte (50 g) Sauté d'agneau (100 g) Riz aux asperges Petits-suisses Poire	Carottes (100 g) + béchamel ou tarte aux poireaux (100 g) + crème Gâteau de semoule Ananas au sirop sans jus

4e jour	Poulet rôti (100 g) Petits pois (150 g) Yaourt pomme ou clémentine	Rizotto (oignons + 30 g de viande froide) Pêche melba maison (glace vanille + pêche au sirop + crème fouettée)
5e jour	Radis (5 ou 6) Poisson (120 g) + béchamel Tomates à la provençale (100 g) Fromage blanc Prune au sirop sans jus	Salade niçoise + 2 œufs durs Yaourt Poire
6e jour	Côtelettes de porc (100 g) Purée (120 g) Petits-suisses Compote	Pâtes à l'italienne (avec 50 g de viande hachée + 1 tomate) Crème pâtissière ou chou à la crème maison ou éclair maison
7e jour	Concombre (très peu) Rôti de veau (100 g) Pâtes + sauce tomate fraîche + basilic Sorbet à la framboise (ou autre fruit aromatisé)	Potage au cresson aux croûtons sans sel 2 œufs à la coque Quatre-quarts maison Yaourt Pêche au sirop sans jus

2e SEMAINE

	MIDI	SOIR
8e jour	Rosbif Pommes de terre à la lyonnaise (150 g) en rondelles + oignons + bouillon (au four) Fromage blanc Pêche au sirop	Quiche + muscade + crème (remplacer lardons par porc froid ou autre viande froide) Yaourt Pomme ou clémentine
9e jour	Poisson au four Riz créole Petits-suisses Compote de poires	Omelette aux fines herbes Pommes de terre normande 150 g (en rondelles + poireaux + crème au four)

10ᵉ jour	Côte de mouton (70 g) Haricots verts (100 g) Yaourt Poire	Spaghetti à l'italienne (50 g viande hachée + tomate + oignons) Crème renversée au caramel Pêches au sirop sans jus
11ᵉ jour	Radis (5 à 6) + beurre Bœuf (100 g) aux carottes Petits-suisses Compote	Riz aux oignons Crème anglaise + biscuits maison Orange
12ᵉ jour	Poisson (100 g) Ratatouille (150 g) Fromage blanc Prunes au sirop sans jus	Pâtes en flan + muscade Yaourt Pomme ou clémentine
13ᵉ jour	Foie grillé + une rondelle de citron Frites (100 g) Petits-suisses Ananas au sirop sans jus	Semoule aux oignons + béchamel au four Yaourt Poires au jus
14ᵉ jour	Lapin à la moutarde (10 g) Salsifis (100 g) Fromage blanc Fraises surgelées ou fraîches	Riz sauce tomate (une tomate + oignon) Un œuf au plat Yaourt Orange

Le guide du régime... aliment par aliment

La réussite du régime garçon comme du régime fille repose essentiellement sur votre constance et votre sérieux. Il faudra donc observer strictement le programme choisi. Le régime doit être suivi jusqu'au début de la grossesse et au minimum deux mois et demi avant le début de celle-ci. En pratique des précautions contraceptives sont nécessaires pendant les deux premiers mois et demi du régime.

Il est bien entendu impossible de prévoir la durée du régime dans la mesure où le début de la grossesse est imprévisible. Il peut donc y avoir des prolongations ! Dans ce cas, en toute bonne foi, on fait parfois des erreurs involontaires tant il est vrai qu'à la longue, consciemment ou pas, on recherche la diversité. Pour prévenir ces erreurs, essayons maintenant de passer en revue tout ce qui va dorénavant composer votre alimentation quotidienne. Nous allons expliquer de façon encore plus détaillée pourquoi tel aliment est interdit, tel autre autorisé.

Importance des sels minéraux

Prenez l'exemple d'un verre d'eau du robinet : incolore, inodore, elle contient pourtant, dissous, invisible à l'œil nu, des sels minéraux sans lesquels la vie n'est pas possible. Dans des proportions différentes, on les retrouve dans tous les aliments où l'organisme va les puiser. Les plus importants sont le sodium, le potassium, le calcium et le magnésium.

LES BOISSONS

Dans le régime, tout ce qui est absorbé compte. Aussi bien les aliments que les boissons qui, par leur importance en sels minéraux, jouent elles aussi leur rôle dans l'efficacité du régime. Elles doivent être, de ce fait, strictement contrôlées.

L'eau

L'eau de ville (ou eau du robinet). Plus ou moins riche en calcium (qui forme le tartre), peut être consommée sans restriction. Attention toutefois à l'eau adoucie ! Le traitement par adoucisseur d'eau est susceptible, tout en abaissant la teneur en calcium, d'augmenter la concentration en sodium. Au cours du régime fille, on évitera donc de boire de l'eau adoucie.

Les eaux minérales

Ces eaux sont toutes, par définition, extrêmement riches en sels minéraux mais leur composition minérale varie énormément d'une source à l'autre. Dans le cas du régime garçon, on doit consommer de l'eau de Vichy St-Yorre particulièrement riche en potassium et en sodium (plus de 1 660 mg par litre). Dans le cas du régime fille, seules les eaux minérales calciques pauvres en sodium et potassium sont autorisées : Evian, Vittel (Grande Source et Hépar), Contrexéville et Perrier.

Les eaux de source

À la différence des eaux minérales, les eaux de source sont pauvres en sels minéraux et leur composition se rapproche de l'eau du robinet. Elles sont donc toutes autorisées dans les deux régimes.

Les jus de fruits

Attention ! Il ne faut pas confondre les jus de fruits avec les boissons aux fruits. Les jus de fruits proviennent exclusivement de fruits pressés sans que l'on ait ajouté d'eau. Vendus dans le commerce en bouteille ou en briques, ils portent sur l'étiquette les mentions « 100 % jus de fruits » ou « Pur jus de fruits ». Les jus reconstitués à base de concentré sont identiques aux précédents. Ils sont simplement reconstitués à partir de concentrés de jus de fruits déshydratés sur les lieux de production, et leur composition notamment minérale est la même. On peut aussi bien entendu presser ses fruits soi-même.

Les jus de fruits, et ce quel que soit le fruit, sont particulièrement riches en potassium. Ils sont spécialement recherchés dans le régime garçon avec une consommation quotidienne obligatoire d'un demi-litre au moins. Leur valeur nutritive est très riche. Ils contiennent les sucres naturellement présents dans le fruit : glucose, saccharose, fructose ou ceux ajoutés au cours de leur fabrication. Dans ce cas, la mention « sucrée » figure sur l'étiquette. Très riches en calories, on veillera à ne pas en consommer plus du demi-litre obligatoire, notamment en cas de prise de poids anormale au cours du régime garçon.

Les boissons aux fruits

Il s'agit de jus de fruits dilués, parfois gazéifiés dans le cas des sodas. Leur teneur en sels minéraux est moins élevée (environ dix fois moins). Bien qu'autorisés, ils ne peuvent donc pas remplacer les jus de fruits dans le régime garçon. Ils sont en revanche interdits dans le régime fille.

Les sirops de fruits (sirop de grenadine, de cerise, d'orange, de menthe…)

Très riches en sucre, leur teneur en fruit est très réduite et souvent remplacée par un arôme artificiel. De plus, pour boire ces sirops, il faut les diluer en ajoutant de l'eau, parfois du lait. La boisson obtenue est pauvre en sels minéraux et peut donc être occasionnellement consommée dans les deux régimes.

Les boissons à base de réglisse

Ces boissons doivent être totalement exclues des deux régimes, car elles ont une action sur le métabolisme des minéraux dans l'organisme. D'une façon générale, elles ne devraient pas être consommées régulièrement car elles sont susceptibles de créer une hypertension artérielle provoquée par la présence de sels de glycyrrhizine.

Les sodas et limonades (toniques, bitters et boissons à base de cola)

Ils contiennent de l'acide benzoïque sous forme de sels de sodium ou de potassium. Autorisés dans le régime garçon, ils sont interdits dans le régime fille.

Le thé, le café et les tisanes

Riches en potassium, ils sont à éviter dans le régime fille. Une tasse de café ou de thé peu concentré est toutefois tolérée une fois par jour. Ils sont autorisés dans le régime garçon. Les tisanes camomille et verveine-menthe sont autorisées dans le régime garçon et interdites dans le régime fille.

Le chocolat

Il contient du sodium et du potassium, mais aussi du magnésium. Il est donc strictement interdit dans les deux régimes !

Les boissons alcoolisées

Le vin et les apéritifs à base de vin

Compte tenu de sa richesse en potassium, il n'est pas permis d'en boire pendant toute la durée du régime fille. Cette règle est impérative. Dans le régime garçon, une consommation modérée est acceptée. (Rappelons que le plan national Nutrition santé du ministère de la Santé déconseille la consommation d'alcool régulière, et la limite à moins de deux verres de vin par jour chez la femme.)

Les alcools et spiritueux

Ces boissons très fortement alcoolisées (entre 40 et 50 degrés d'alcool) sont obtenues par distillation de jus fermentés de fruits ou de céréales ou ajout d'alcool. La liste en est très longue : Cognac, Armagnac, marc, Calvados, eaux-de-vie (prune, mirabelle, poire...), gin, whisky, vodka, rhum, pastis, anisette...

Bien que faiblement minéralisées et consommées habituellement en quantité modérée, la richesse en alcool de ces boissons leur confère une action diurétique avec élimination urinaire des sels minéraux. Leur usage est donc interdit pour les deux régimes.

La bière et le cidre

Formellement interdits dans le régime fille, ils sont autorisés dans le régime garçon en raison de leur teneur élevée en sodium et potassium.

PRODUITS LAITIERS

Le lait

Le lait est l'aliment de choix dans le régime fille car il est une formidable source de calcium (1 250 mg de calcium par litre de lait). De plus, la présence de phosphore en proportion favorable, de vitamine D et de lactose favorise son absorption intestinale. Même si la teneur du lait en sodium n'est pas négligeable, elle est infime par rapport à celle du calcium.

En conséquence :

— dans le régime fille la consommation obligatoire de lait sera de 3/4 de litre de lait par jour ;

— dans le régime garçon, le lait sous toutes ses formes est strictement interdit.

Deux remarques concernent le régime fille :

— La consommation de lait a beau être obligatoire, il faut cependant veiller à ne pas en boire plus de deux litres quotidiennement sur une période prolongée. Si ces quantités étaient dépassées, un excès de calcium serait à craindre.

— L'augmentation de la consommation de lait pour atteindre la quantité requise (environ 3/4 de litre par jour) se fera progressivement sur une semaine. Cette précaution évitera l'apparition d'une diarrhée, incident bénin, mais désagréable, qui accompagne parfois l'introduction brutale de lait dans le régime.

Valeur nutritionnelle du lait : riche en glucides, en lipides, en protéines et en vitamines, le lait est un aliment particulièrement nutritif. La teneur des laits vendus dans le commerce est réglementée : on trouve du lait entier, demi-écrémé et écrémé. Peu importe celui que vous choisirez, ce critère n'a aucune incidence sur la teneur en calcium. Peu importe aussi la manière dont est traité le lait : ébullition, pasteurisation ou stérilisation (lait UHT ; lait upérisé ou thermisé). Sa composition minérale n'en sera pas modifiée pour autant. C'est également valable pour les laits concentrés et les laits en poudre dont la composition, après reconstitution par addition d'eau, se rapproche du lait frais.

Les yaourts

La composition minérale du yaourt est pratiquement la même que celle du lait utilisé pour sa préparation. De plus, l'absorption du calcium par l'intestin est très importante. C'est donc un aliment recommandé dans le régime fille et interdit dans le régime garçon. Attention toutefois dans le régime fille car on trouve dans le commerce trois types de yaourts. Les yaourts « nature » qui sont donc autorisés, les yaourts « aromatisés » pour lesquels les arômes café et chocolat sont interdits et les yaourts avec des fruits qui seront choisis dans la liste des fruits autorisés uniquement. Contrairement à une idée répandue, la consommation de yaourt ne provoque pas de décalcification.

Le beurre et la crème fraîche

Préparé à partir de la crème de lait, le beurre et la crème elle-même, riches en calcium, sont autorisés uniquement dans le régime fille. Toutefois une consommation modérée de beurre demi-sel ou salé, qui contiennent respectivement 5 g et 10 g de chlorure de sodium, est tolérée dans le régime garçon.

Les fromages

Les fromages frais

Si d'une façon générale la teneur du fromage frais en calcium est inférieure à celle du lait, en raison de la perte subie lors de l'égouttage, elle reste néanmoins importante. Le fromage blanc et les petits-suisses sont donc recommandés dans le régime fille et proscrits dans le régime garçon. Toutefois le fromage demi-sel est interdit dans les deux régimes en raison de sa richesse en calcium pour l'un et en sodium pour l'autre.

Les fromages fermentés

En France, on dénombre à peu près 400 sortes de fromages. Ils sont classés en fromage à pâte dure (comté, reblochon, saint-nectaire...), fromages à pâte molle (camembert, pont-l'évêque, brie...) et fromages à moisissures (roquefort, fourme d'Ambert, bleu d'Auvergne...). Tous ces fromages sont salés au cours de leur fabrication. Ils sont donc à la fois riches en calcium apporté par le lait et en sodium apporté par le sel. On les interdit, de ce fait, aussi bien dans le régime fille que dans le régime garçon.

POISSONS, CRUSTACÉS, MOLLUSQUES

Les crustacés et les mollusques

Ils sont totalement exclus dans les deux régimes car ils présentent le triple inconvénient d'être à la fois riches en sodium, en magnésium et en calcium. Soyez donc particulièrement vigilante en hiver et sachez résister à un grand plateau de fruits de mer qui pourrait déséquilibrer le régime que vous avez entrepris.

Les poissons

Le poisson frais ou surgelé

La chair du poisson, qu'il soit de mer ou d'eau douce, renferme une importante quantité de sels minéraux essentiellement représentés par le sodium et le potassium. Ils sont donc recherchés dans le régime garçon et limités au contraire dans le régime fille. Le mode de cuisson utilisé peut modifier cette concentration en sels minéraux. C'est pourquoi dans le régime garçon on préférera une cuisson au gril ou à la poêle qui les conservera mieux. Dans le régime fille, on adoptera la cuisson au court-bouillon, sans sel évidemment, si du poisson est consommé plus de trois fois par semaine.

Le poisson séché, salé…

Les procédés habituels de conservation du poisson : séchage, salage, fumage, stérilisation par la chaleur s'accompagnent d'une augmentation importante de la concentration en sodium. Ils seront donc particulièrement recommandés dans le régime garçon et formellement interdits dans le régime fille.

Le poisson en général est d'un grand apport nutritif, car il contient une importante quantité de protéines et de vitamines A, D et B ; la teneur en lipides, elle, varie selon les espèces et c'est pourquoi on distingue les espèces maigres (moins de 5 % de matières grasses) comme le merlan, la dorade, la truite, etc., et des espèces grasses comme le maquereau et le thon par exemple.

LES FRUITS

Les fruits frais

Sachez que les fruits sont une source importante de vitamine A, C et de fer. Ils facilitent le travail de l'intestin, luttent contre la constipation grâce à la cellulose des membranes cellulaires végétales.

Les fruits frais sont particulièrement recommandés dans le régime garçon, car leur composition minérale, riche en potassium, est pauvre en sodium, magnésium et calcium. Ils seront donc consommés à raison de deux fruits par jour au moins. Dans le régime fille, seules les variétés contenant le moins de potassium sont permises : pomme, poire, clémentine, fraise et framboise. N'en mangez toutefois pas plus de 150 g par jour.

À vous de jouer ! Variez et équilibrez votre régime sans toutefois perdre ou prendre du poids si telle est votre envie. Le tableau ci-contre, qui indique la valeur calorique pour 100 g (fruit cru et pelé) des espèces les plus courantes devrait vous y aider :

Valeur calorique de quelques fruits en Kcal pour 100 grammes

myrtille	groseille	mûre	fraise	framboise	mandarine	orange	pamplemousse
16	30	37	40	40	40	44	43

pêche	pomme	poire	prune	cerise	raisin	banane	châtaigne
52	52	61	64	77	81	90	200

Les fruits conservés

Les fruits secs

On les obtient par déshydratation des fruits frais. Leurs constituants et notamment les sels minéraux sont donc plus concentrés. Attention à leur pouvoir calorique plus important dû à une forte concentration en sucre ! L'enrichissement en fibres végétales peut, lui, s'accompagner d'un effet laxatif.

Les fruits en conserve

La cuisson appauvrit les fruits en sels minéraux qui passent dans le liquide de conserve (le jus). Évitez donc les fruits en conserve dans le régime garçon.

Les confitures, compotes ou gelées de fruits

La confiture est, en fait, un mélange de fruits et de sucre cuits ensemble, auxquels sont éventuellement ajoutés certains produits (acide tartrique, colorants, aromatisants naturels ou artificiels). Seule la mention « pur sucre » garantit l'absence d'additifs. Les confitures sont donc autorisées sans restriction dans le régime garçon et uniquement lorsqu'elles sont faites avec les fruits autorisés dans le régime fille.

LES LÉGUMES

Les légumes frais

Le potassium est l'élément minéral qui prédomine dans les légumes. Certains cependant sont également riches en calcium. Dans le régime garçon, tous les légumes frais sont autorisés, à l'exception de la salade verte, des choux, des bettes (ou blettes), des épinards, du brocoli, du cresson, des pissenlits et des endives. En revanche, la mâche, qui n'a pas la même composition minérale que la laitue et la chicorée, est acceptée. Dans le régime fille, de nombreux légumes peuvent être consommés. Sont toutefois interdits, car trop riches en potassium : le persil, l'oseille, le radis noir, les épinards, les champignons, les avocats, le fenouil, les courgettes, les topinambours, la betterave rouge, le potiron, le soja et les choux.

Retenez bien que la cuisson à l'eau a pour effet d'appauvrir les légumes en sels minéraux qui passent dans l'eau de cuisson. Les légumes, bien que moins riches en protéines que la viande ou le poisson, en constituent cependant une source appréciable. Ils apportent aussi des vitamines (C et A) et des sucres (pommes de terre, petits pois).

Les légumes conservés

Comme les fruits, les légumes perdent une partie de leurs sels minéraux au cours de la cuisson. Mais les conserves industrielles sont salées, elles sont de ce fait proscrites du régime fille.

Les légumes surgelés

La surgélation modifie peu les aliments. Pourtant, attention à certains produits surgelés qui sont blanchis au préalable dans de l'eau qui pourrait être salée et qui de ce fait seraient interdits dans le régime fille.

LES VIANDES

Riche en potassium et sodium, pauvre en calcium, la viande est un aliment idéal dans le régime garçon. Elle sera limitée à 150 g au maximum par jour dans le régime fille. Toutes les viandes de boucherie : bœuf, cheval, mouton, agneau, veau, porc répondent à ces critères et plus encore les abats comme le montre l'exemple suivant :

BŒUF	sodium	potassium	calcium	magnésium
Steak 100 g	70 mg	300 mg	10 mg	20 mg
Foie 100 g	100 mg	300 mg	10 mg	20 mg

Le mode de cuisson a son importance. Griller ou rôtir la viande ne provoque qu'une très faible perte en sels minéraux : on recommandera donc ce mode de cuisson dans le régime garçon. La cuisson à l'eau (viande bouillie comme dans le pot au feu) entraîne, au contraire une importante déperdition de sels minéraux et convient mieux au régime fille à condition toutefois de ne pas consommer le bouillon de cuisson.

La viande, riche en protéines (environ 20 %), est un aliment très nutritif. Sa valeur calorique, essentiellement liée à sa teneur en matières grasses, varie d'une catégorie de viande à l'autre : de 110 calories à 120 calories pour 100 g de viande maigre (cheval, poulet) à 350 calories pour 100 g de viande grasse (porc, oie). Si vous avez tendance à grossir, choisissez de préférence les viandes maigres. Cette remarque est également valable en cas de troubles du métabolisme lipidique (hypercholestérolémie). Les vitamines présentes dans la viande sont surtout représentées par la vitamine B, tandis que les vitamines A et C sont pratiquement détruites par la cuisson. En ce qui concerne les oligoéléments, il convient de signaler la richesse particulière de la viande en fer et en cuivre.

La viande, source importante de protéines, n'est cependant pas indispensable et un régime végétarien peut parfaitement, à condition qu'il soit varié, apporter les protéines indispensables par les œufs, le fromage ou le lait.

LES CÉRÉALES

Ces plantes, appartenant principalement à la famille des graminées, sont surtout cultivées pour leurs graines consommées sous forme de grains ou de farine une fois moulue : blé, riz, maïs, orge, avoine, seigle, épeautre, millet et aussi le sésame, le sarrasin...

Le blé

Le blé dur concassé type boulgour est autorisé dans les deux régimes.

Le grain de blé est constitué de deux parties :

— au centre, l'amande, pauvre en sels minéraux, fournit la farine après tamisage ;

— autour, l'écorce, fortement minéralisée, sera éliminée sous forme de son.

La farine employée en France a un taux d'extraction de 75 %.C'est-à-dire que 100 kg de blé fournissent 75 kg de farine. Dans les régimes, sa consommation n'est théoriquement pas limitée. Ce sont les ingrédients avec lesquels on l'associe dans certaines préparations qui peuvent entraîner son interdiction.

Le pain

Rien de plus flou que l'appellation pain car derrière ce mot se cachent une extraordinaire variété de produits et un très grand nombre d'appellations ou de dénominations diverses. Essayons d'y voir clair !

On y trouve d'abord de la farine de blé plus ou moins tamisée c'est-à-dire débarrassée du son sauf pour le pain intégral qui en contient l'intégralité, alors que le pain complet n'en contient qu'une partie, comme le pain bis d'ailleurs, et que du son a été rajouté à la farine blanche dans le pain au son !

À la farine de blé différentes céréales peuvent être rajoutées :

— du seigle : 10 % dans le pain au seigle et 65 % dans le pain de seigle !

— différentes céréales : 3, 9 ou 12 selon les cas dans le pain aux céréales ! Avec parfois encore du lin ou du sésame !

D'autres farines sont ajoutées, comme l'autorise le décret du 3 septembre 1993 qui définit l'appellation « pain de tradition française » :

— de la farine de fèves jusqu'à 2 %

— de la farine de soja jusqu'à 0,5 %

— de la farine de malt de blé jusqu'à 0,3 %.

Bien entendu pas de pain sans eau ni levure pour la fermentation. À ce propos, la levure de boulanger constituée de champignons microscopiques (saccharomycète) est autorisée dans les deux régimes. Elle est remplacée par du levain dans le pain du même nom.

Le pain ordinaire, à la différence du pain sans sel, est un aliment très salé comme le montre le tableau suivant :

Composition minérale pour 100 g.

	Pain blanc ordinaire	Pain blanc sans sel
Sodium	**500 mg**	**15 mg**
Potassium	100 mg	100 mg
Calcium	20 mg	20 mg
Magnésium	30 mg	30 mg
autorisé	**garçon**	**fille**

D'autres ingrédients sont parfois présents :
— du lait dans le pain viennois,
— des matières grasses dans le pain de mie,
— du sucre, du beurre et de l'œuf dans le pain brioché,
— différents additifs dans le pain ordinaire ou les pains industriels comme des conservateurs : acide acétique, acide lactique ; des antioxydants : acide ascorbique ; ou encore des émulsifiants : lécithine,
— des noix, du lard, des olives, du fromage... dans les pains fantaisie.

À ces différentes appellations s'ajoutent plusieurs dénominations :
— pain maison lorsque le pain est pétri, façonné et cuit sur le lieu de vente
— pain de tradition française lorsqu'il répond aux normes du décret 93-1074 sans additif ni congélation notamment

Une seule règle donc dans le choix du pain : s'assurer que les ingrédients présents dans le pain sont tous autorisés dans le régime en cours en interrogeant au besoin l'artisan boulanger ou en examinant bien l'étiquette pour les pains industriels préemballés.

Le pain azyme composé uniquement de farine de blé et d'eau, pauvre en sodium, peut être consommé sans inconvénient dans le régime fille.

Pour ne pas se tromper et faire simple, on peut retenir : dans le régime garçon le pain ordinaire, dans le régime fille le pain ordinaire sans sel.

Les autres céréales

Riz : faiblement minéralisé, le riz brun ou blanc peut être préparé de différentes façons et convient aux deux régimes.

Le quinoa est autorisé dans les deux régimes.

Maïs : sa teneur en potassium l'interdit dans le régime fille, sous toutes ces formes : pop-corn, polenta, épis. Farine de maïs utilisée dans les bouillies, les galettes ou les crêpes : tortillas, tacos ou tamales dans la cuisine sud-américaine.

Orge, seigle, avoine, millet sont tous autorisés.

LES ADDITIFS ALIMENTAIRES

Ces substances, dont la liste est très longue, sont ajoutées aux denrées alimentaires pour en modifier les propriétés ou l'apparence : la couleur (colorants) ; le goût (exhausteur de goût, acidifiants) ; la texture (épaississants, gélifiants, émulsifiants) ; la durée de conservation (conservateurs)... Pour être utilisés, les additifs doivent figurer sur la liste des additifs autorisés par l'Autorité européenne de sécurité des aliments (EFSA) où ils sont désignés par un code commençant par la lettre E suivi d'un nombre de 3 ou 4 chiffres (compris entre 100 et 1518 !). Beaucoup de ces additifs sont des sels de sodium (E211, E223...), de potassium (E202, E212...), de calcium (E203, E213...) ou de magnésium (E329, E450, E504...). Pour chacun de ces additifs, la réglementation indique une Dose journalière admissible (DJA) et les quantités utilisées sont suffisamment faibles pour que ces additifs soient tous autorisés aussi bien dans le régime fille que le régime garçon.

LES ÉPICES, AROMATES ET CONDIMENTS

Cannelle, cardamome, coriandre, cumin, curcuma, curry, gingembre, girofle, noix de muscade, paprika, pavot, poivre, piment, safran, vanille.

Le sel mis à part, toutes les épices sont autorisées dans les deux régimes. Particulièrement appréciées dans le régime fille où elles peuvent remplacer le sel pour donner du goût à certains plats et éviter une trop grande monotonie. Attention toutefois au curry et plus généralement aux mélanges d'épices dans le régime fille, dont il faut vérifier la composition car ces mélanges comportent souvent du sel.

Les aromates : ail, échalotes, basilic, cerfeuil, ciboulette, thym, laurier, romarin sont également autorisés dans tous les cas. Le persil et la menthe sont interdits dans le régime fille

Les condiments comme les cornichons, les câpres, le ketchup, la moutarde sont habituellement salés et sont interdits dans le régime fille.

Questions le plus souvent posées

Le futur père doit-il faire le régime ?

Non, seul le régime alimentaire de la future maman intervient dans la sélection du spermatozoïde fécondant. La proportion très équilibrée des spermatozoïdes garçons (porteur d'un chromosome Y) et des spermatozoïdes filles (porteur d'un chromosome X) n'est pas modifiée par le régime alimentaire. Pour des raisons pratiques, le père est souvent amené à partager le régime alimentaire de la mère, sans que cela intervienne sur les résultats obtenus par la méthode.

Combien de temps faut-il suivre le régime ?

Au minimum deux mois et demi avant la conception. Le régime peut être arrêté dès que le diagnostic de grossesse est confirmé, mais pas avant.

Pourquoi ne pas remplacer le régime qui comme tous les régimes est contraignant, par un simple apport des sels minéraux appropriés ?

Trois raisons à cela :

— L'absorption intestinale des sels minéraux n'est pas la même lorsqu'ils sont apportés sous forme pharmacologique, c'est-à-dire en quantité importante dans un temps très court comme le font les comprimés ou les sachets de poudre. Tout n'est pas absorbé et il est difficile de connaître réellement ce qui l'est. Il en va différemment au cours des repas où les apports et leur absorption se font sous forme physiologique, c'est-à-dire plus progressive et complète.

— Toutes les études ont été faites à partir de l'alimentation maternelle naturelle. Il est impossible de savoir si les résultats ainsi obtenus seraient les mêmes en remplaçant cette alimentation naturelle par des comprimés de sels minéraux.

— De plus, ces apports venant s'ajouter aux apports journaliers habituels, comment les calculer si l'alimentation maternelle, laissée libre, n'est pas connue ?

Y a-t-il une plus grande demande pour les garçons ou pour les filles ?

Les souhaits des futurs parents sont très équilibrés. Il n'y a là rien de surprenant dans la mesure où toutes les enquêtes d'opinion montrent que l'immense majorité des personnes interrogées considère que la famille idéale est celle qui comprend à la fois filles et garçons.

Y a-t-il un risque pour la santé en suivant ce régime, et notamment sur une période prolongée ?

Aucun, à condition de le suivre correctement et sous contrôle médical. Ces régimes prescrits à de futures mamans sont parfaitement équilibrés. Ils ont été conçus par des équipes de diététiciennes hospitalières et respectent les standards nutritionnels les plus stricts. Aucun risque de carence ou de surcharge n'est donc à craindre.

Le régime, notamment le régime garçon, fait-il grossir ?

Avec un apport calorique journalier compris entre 2 200 et 2 300 calories, le régime garçon tout comme le régime fille répondent aux recommandations de toutes les instances scientifiques nationales et internalionales spécialisées. Aucune prise de poids n'est donc à craindre, et de fait n'a jamais été observée dans notre expérience chez les futures mamans suivies et contrôlées.

Faut-il faire des examens particuliers pendant la durée du régime ?

En dehors du suivi diététique, qui consiste à tenir à jour un récapitulatif des aliments et boissons consommés quotidiennement qui sera examiné chaque mois avec la future maman, aucun examen de laboratoire n'est habituellement utile.

Lorsque nous avons commencé notre étude du régime en 1977, nous demandions régulièrement un ionogramme sanguin pour doser la concentration en sels minéraux dans le sang. L'objectif était double. D'abord vérifier, comme nous l'avions prévu, que ce dosage restait normal et qu'aucune carence n'était à craindre, et rechercher des variations de ces dosages qui, tout en étant dans les limites de la normale, nous permettraient peut-être de prévoir les éventuels échecs ou succès de la méthode. Après avoir recueilli plusieurs centaines de résultats et constaté qu'ils étaient non seulement toujours normaux mais qu'ils n'avaient aucun intérêt pronostique quant au résultat de la méthode, nous les avons abandonnés.

Mon médecin ne semble pas très au courant de cette méthode. Je ne sais pas à qui m'adresser.

Effectivement, et contrairement à de nombreux couples, beaucoup de médecins n'attachent aucune importance à cette préoccupation des futurs parents qui souhaitent avoir une famille équilibrée, surtout à notre époque et dans nos sociétés où les couples ont rarement plus de deux ou trois enfants. Certains médecins sont même hostiles à cette idée. Le plus souvent, ni leur formation initiale ni leur mode d'exercice ne leur laissent le temps de s'intéresser ou de se former à des sujets qui sortent de leur pratique professionnelle habituelle. Les gynécologues, car c'est à eux que s'adressent les futurs parents, sont souvent peu motivés, insuffisamment formés ou informés et n'ont malheureusement pas toujours le temps nécessaire à lui consacrer préférant s'investir dans d'autres domaines.

La prescription d'un régime alimentaire – de ce type notamment – est un métier. Elle requiert une formation et sa mise en œuvre des conditions spécifiques. Cette prescription demande à être personnalisée en tenant compte des habitudes alimentaires de chaque patiente et de son mode de vie. Il faut prendre le temps de s'assurer que toutes les modalités du régime ont bien été comprises, apporter toutes les précisions nécessaires et répondre à toutes les questions que se pose la future maman. Il s'agit d'une consultation longue demandant de la part du médecin une grande disponibilité. C'est ce qui, à l'évidence, en limite malheureusement la diffusion. Il est donc nécessaire de consulter un médecin qui s'intéresse à la question et qui soit informé et compétent pour cette méthode.

À quoi sont dus les échecs ?

Lorsque le régime est parfaitement suivi, sans écarts, et de préférence sous contrôle médical, le taux d'échec est voisin de 13 %. Ceci n'a rien d'étonnant car, comme toujours en médecine et plus généralement en biologie, c'est-à-dire dans le monde du vivant, tous les phénomènes observés sont régis par des lois mathématiques statistiques. C'est la raison pour laquelle un médicament par exemple (ou une intervention chirurgicale), si efficace soit-il, ne donnera jamais 100 % de résultats.

Y a-t-il d'autres méthodes et peut-on les associer ?

L'alimentation de la future maman est actuellement le seul facteur connu et démontré qui intervienne dans la détermination du sexe de l'enfant à naître. Plusieurs études menées par des équipes universitaires indépendantes, et selon les stricts critères scientifiques de la « médecine par les preuves », publiées dans différentes revues scientifiques de référence et de notoriété internationale, en ont apporté la confirmation scientifique.

D'autres facteurs comme par exemple la date des rapports dans le cycle ou leur fréquence, ainsi que les modifications de l'acidité vaginale, ont été envisagés. Aucune de ces méthodes n'a reçu de confirmation scientifique et de plus, les bases théoriques sur lesquelles elles s'appuyaient se sont révélées contredites par l'expérience.

Peut-on prendre des médicaments en faisant le régime ?

Toutes les études portant sur la méthode du régime alimentaire ont été menées chez des futures mamans qui n'ont pris aucun médicament dans le mois précédant la grossesse. Cette condition était indispensable pour être incluse dans l'étude. Certains médicaments sont en effet susceptibles de modifier le métabolisme des sels minéraux, voire peut-être d'intervenir directement sur la détermination du sexe fœtal.

Dans ces conditions, tout médicament est à éviter pendant la durée du régime et surtout dans le dernier mois, sauf à retarder d'autant le début de la grossesse en prolongeant le régime d'un mois supplémentaire. Bien entendu certains traitements ne peuvent être interrompus. Il s'agit de cas rares et très particuliers qui sont examinés individuellement, cas par cas, au cours de la consultation.

6. Le régime… en direct

Lorsque nous avons débuté nos travaux de recherche, avec l'équipe hospitalière au sein de laquelle j'assurais le suivi médical et la coordination de l'étude, il me paraissait impossible de pouvoir définir les habitudes alimentaires d'une personne puisque, me semblait-il, nous ne mangeons jamais la même chose. Il faut dire que ni ma formation ni ma pratique médicale ne m'avaient préparé à m'occuper de nutrition ou de diététique. Cette matière, chose incroyable, en dehors de quelques vagues notions de physiologie, n'était pas au programme des études de médecine et encore moins, plus tard, de la spécialisation en gynécologie-obstétrique. Cela dit, tout s'apprend, et j'ai bien entendu depuis largement rattrapé mon retard. Nous avions donc, pour assurer toute la partie diététique de cette étude, intégré deux diététiciennes hospitalières dans notre équipe. Sans elles, sans leurs compétences, leur disponibilité et leur enthousiasme ces travaux n'auraient jamais pu se faire.

Pour avoir une idée, par exemple, du travail accompli et du temps nécessaire à une recherche clinique de ce type, il est intéressant de mentionner l'exposé présenté par les diététiciennes de Marseille lors des 27e Journées nationales de diététique en 1986. Ce colloque, qui réunit chaque année les meilleurs spécialistes en diététique pour faire le point sur les progrès récents dans cette discipline, était consacré cette année-là au choix du sexe par l'alimentation. Dans ce rapport, le temps nécessaire pour le suivi d'une femme sur trois mois, dans le cadre rappelons-le d'un travail de recherche, depuis la prise de rendez-vous jusqu'à son inclusion dans l'étude après les calculs indispensables, avait été évalué à sept heures !

Je me suis alors rendu compte que nous avions tous, le plus souvent sans en être conscients, des habitudes alimentaires bien ancrées. Certes, nous ne mangeons pas la même chose tous les jours, mais nos goûts, notre mode de vie, notre éducation parfois, nous amènent à consommer le même type d'aliments. Avez-vous déjà remarqué combien de différences il y a dans la façon de se servir de la salière à table, d'une personne à l'autre ? Quoi de commun du point de vue des apports en calcium ou en potassium entre ceux qui n'aiment pas le lait et les laitages et prennent régulièrement un jus de fruits et du café ou du thé au petit déjeuner et ceux qui, au contraire, ne peuvent se passer de leur yaourt matinal ?

Ce genre d'étude ménage parfois des surprises. J'analysais un jour en consultation les habitudes alimentaires d'une maman ayant trois garçons. Alors que nous en étions au chapitre des légumes : leur variété, leur mode de cuisson et de préparation et la fréquence à laquelle ils étaient consommés, quelle ne fut pas ma surprise lorsqu'elle me déclara qu'elle mangeait un artichaut tous les jours ! Pensant avoir mal compris, je répétais ma question, mais non c'était bien ça, un artichaut tous les jours, sept jours sur sept, toute l'année, sauf circonstance exceptionnelle ! Elle m'expliqua alors, en s'étonnant de mon ignorance en la matière, que c'était pour rester en bonne santé et éviter les maladies du foie. Et que d'ailleurs dans sa famille cette pratique se transmettait de génération en génération !

La possibilité donnée aux futurs parents de programmer le sexe de leur enfant ne rencontre pas toujours l'adhésion de tout le monde, certains même y sont farouchement opposés. Je me souviens avec quelle hostilité notre projet de consacrer une étude à ce sujet avait été accueilli par quelques-uns, très rares il est vrai, de nos collègues. L'une d'elles, généticienne de renom, refusa même d'y participer estimant qu'il s'agissait « d'une fausse science » ! Sans doute considérerait-elle que certains domaines sont interdits à la recherche et à la connaissance, et que la science doit se limiter à certains sujets.

Invité un jour sur un plateau de télévision, l'un des participants à l'émission souleva la question de l'eugénisme. Il imaginait un État totalitaire qui imposerait aux femmes de n'avoir que des garçons pour disposer d'une armée puissante. Je lui fis alors remarquer que les femmes étaient de plus en plus nombreuses dans les armées modernes y compris dans les unités combattantes et qu'elles avaient depuis longtemps fait leurs preuves dans ce domaine, comme dans les autres. J'ajoutais, concernant la méthode du régime, que personne ne pouvait contraindre une femme à le suivre et qu'un État totalitaire avait, sans remonter à Sparte et à l'Antiquité, d'autres moyens plus expéditifs pour arriver à ses fins.

Un autre jour, un journaliste m'interroge : souhaiter avoir un enfant d'un sexe plutôt qu'un autre, n'est-ce pas faire preuve d'une épouvantable discrimination sexiste ? La réponse à votre question, lui dis-je, se trouve dans la simple observation des souhaits des parents. Que souhaitent-ils ? Une fille s'ils ont déjà un ou plusieurs garçons et un garçon s'ils ont déjà une fille. Peut-on parler de discrimination ? Non, à l'évidence. Et toutes les enquêtes et les études le montrent, l'immense majorité des parents souhaitent avoir garçon et fille, aucun sexe n'est privilégié par rapport à un autre. Les parents concernés par cette question veulent une famille équilibrée, ce qu'on appelait autrefois, lorsque l'aîné était un garçon et le cadet une fille, « le choix du Roi ». Les Anglo-Saxons parlent de nos jours de « *family-balancing* ».

Quelle ne fut pas ma surprise en recevant récemment en consultation une future maman visiblement enceinte d'au moins six mois et qui, en réponse à ma question concernant l'objet de sa visite, me fit part de son projet de faire le régime fille. Lisant sans doute mon étonnement sur mon visage, elle s'empressa d'ajouter que ce projet s'adressait à sa prochaine grossesse. Elle était ravie d'attendre un garçon, ce que lui avait révélé sa récente échographie, mais elle pensait bien ne pas en rester là et, compte tenu de son âge, ne pas trop tarder après son accouchement pour lui donner une petite sœur. Soulagé, je lui donnai tous les conseils nécessaires en lui recommandant bien d'attendre pour le commencer d'avoir accouché et sevré son bébé si elle l'allaitait.

Catastrophe ! Ma secrétaire reçoit un appel téléphonique d'une de mes patientes en cours de régime. Son mari l'invite pour leur anniversaire de mariage dans un grand restaurant parisien étoilé. Impossible de refuser ! L'ennui, c'est qu'il ignore qu'elle fait le régime. Elle souhaite lui donner le fils qu'il espère mais sans rien lui dire de sa démarche ! Comment faire ?

Une chance… ils sont convenus de se retrouver sur place en fin de journée pour cette soirée en amoureux… Elle connaît donc le restaurant. Nous contactons alors la direction du restaurant et le chef est mis dans la confidence : il se propose d'élaborer pour la circonstance quelques plats qu'il me soumet, qui seront ajoutés à la carte et qu'elle choisira en toute discrétion.

Ne résistons pas au plaisir de découvrir la carte proposée pour cette circonstance :

« Cannelloni de saumon fumé maison aux lentilles, pétales de mâche à l'émulsion de betterave.

Agneau de l'Aveyron en deux services, écrasée de pommes de terre aux truffes, artichaut croustillant.

Poêlée de poires au poivre de Séchouan et gingembre. Sorbet cassis.

Vichy St-Yorre à volonté et vin ou champagne à consommer... avec modération. »

J'ignore si ce jour-là d'autres clients de ce restaurant ont pu faire le même choix et suivre le régime garçon... sans s'en douter.

L'enfer, c'est les autres... surtout à table ! Comment faire son régime quand on n'est pas chez soi ? Repas d'affaires, repas de famille, repas de mariage, repas d'anniversaire, soirées, invitations... Que de sollicitations ! Que de pressions de toutes sortes !

— Nous dînons une fois par semaine chez mes beaux-parents, me dit une patiente. Ma belle-mère ne comprend pas que nous souhaitions avoir un quatrième enfant, estimant qu'avec trois enfants, deux garçons et une fille, c'est déjà assez ! Pour éviter toute discussion, je ne tiens pas à ce qu'elle sache que je fais le régime fille. Croyant me faire plaisir, elle me prépare chaque semaine tout plein de plats auxquels je n'ai pas droit : tiens je vais te faire goûter ceci, tiens, je t'ai préparé cela...

car je sais que tu l'aimes bien ! Que dire ? Que faire ?

La tension artérielle ! La tension artérielle ? Oui, mon médecin a trouvé une tension légèrement élevée... rien de grave... mais il me conseille de modifier mon régime en supprimant le sel et quelques aliments salés... et il me reverra dans quelque temps pour vérifier ma tension.

Conclusion : faire son régime tout en sauvegardant la paix dans les familles est souvent possible... avec un peu d'imagination !

Extrait d'une consultation récente :

— J'ai demandé à mon gynécologue de me prescrire le régime garçon, mais il ne m'a même pas écoutée, il m'a dit qu'il n'y croyait pas et que c'était n'importe quoi ! Ça m'étonne de sa part, il est habituellement très compétent et je l'estime beaucoup, mais là je n'ai pas compris son attitude.

— Peut-être ne s'intéresse-t-il pas à cette question et manque-t-il d'information. Je vais vous expliquer le régime et je vous donnerai une liste de références bibliographiques à son intention que vous pourrez lui remettre quand vous le reverrez.

Un mois plus tard, coup de fil du confrère qui me remercie pour les documents qui lui sont parvenus.

— C'est un domaine que je ne connaissais pas du tout, me dit-il, j'en avais vaguement entendu parler et j'ignorais complètement toutes les études à ce sujet. Tout ça est passionnant. Si vous en êtes d'accord, et comme je n'ai malheureusement pas le temps de m'en occuper, je me propose de vous adresser toutes mes patientes qui me demandent comment programmer le sexe de leur enfant.

La ligne téléphonique intérieure de mon cabinet sonne alors que je suis en consultation. C'est ma secrétaire pour une communication urgente d'une de nos patientes qui appelle de très loin, des îles Maldives, où elle est en vacances. Nous sommes en janvier, ici il est 10 heures et il fait moins 3, là-bas il est 14 heures et le thermomètre affiche 29 degrés Celsius alors que l'eau de mer est à 29. Je lui avais conseillé d'attaquer le régime fille après son retour de vacances mais elle est très déterminée et n'a pas voulu attendre. Elle est arrivée la veille, pour le régime ça va, elle fait très attention malgré toutes les tentations qu'elle rencontre sur place. Tant pis pour les fruits de mer, les jus de fruits exotiques, etc. Là n'est pas le problème. Si elle m'appelle, c'est qu'on a oublié de parler des bains de mer ! Sont-ils autorisés malgré le sel ? Je la rassure en lui conseillant toutefois d'éviter de boire la tasse !

Je reçois ces jours-ci un faire-part de naissance. C'est un garçon prénommé Stéfan, 3,240 kg. La maman a fait le régime garçon. Les parents sont au comble du bonheur, les deux sœurs aînées sont ravies d'avoir un petit frère. L'histoire mérite d'être racontée. La maman était venue me voir après la naissance de sa seconde fille pour un avis. Elle m'explique alors qu'elle est contente d'avoir eu cette seconde fille, mais qu'elle aurait bien aimé avoir un garçon et c'est pourquoi elle avait scrupuleusement fait le régime garçon avant cette deuxième grossesse. Elle veut savoir si ça vaut la peine de refaire ce régime avant sa troisième grossesse et si le fait de ne pas figurer dans les 87 % de réussite signifie que le régime ne marche pas chez elle, et s'il est possible que son mari n'ait que des spermatozoïdes filles.

Je commence par répondre à sa deuxième question. Non, pour qu'un homme n'ait que des spermatozoïdes X ou Y, il faudrait que les cellules souches correspondantes de ses tubes séminifères soient sélectivement absentes ou altérées, ce qui s'accompagnerait d'une grave anomalie génétique ou d'une stérilité masculine, ce qui à l'évidence n'est pas le cas chez son mari. J'ajoute de plus que toutes les études de dénombrement réalisées à ce jour chez plusieurs milliers d'hommes ont toujours montré une égale proportion d'X et d'Y.

La réponse à sa première question est beaucoup plus difficile car faute d'un recul suffisant nous n'avons pas de données statistiques valables. Je lui demande alors de me préciser comment le régime a été suivi, et à partir de quelle source et de quels documents. A-t-elle pris des médicaments ? À première vue tout semble indiquer que le régime a bien été suivi, c'est une amie qui m'avait consulté et fait le régime avec succès qui lui a remis les documents nécessaires, elle a refusé toutes les invitations pour ne pas risquer un écart, suivi à la lettre les consignes et n'a pris aucun médicament. Je l'interroge alors sur la tolérance du régime. A-t-elle constaté pendant sa durée quelque effet secondaire : prise de poids, troubles du transit intestinal, constipation ? « Aucun, me dit-elle, mais je fais très attention grâce à des extraits naturels de plantes. » Des extraits naturels ? « Oui pas de médicaments, seulement des extraits de plantes pour éliminer... »

Vérification faite, je lui explique alors que les extraits en question ont un effet diurétique et laxatif important et qu'ils entraînent en conséquence une déperdition notable en sels minéraux et surtout en sodium et potassium. Elle comprend à ce moment-là son erreur et repart bien décidée à recommencer le régime. Elle reviendra me voir cette fois en début de régime, après deux ou trois semaines, pour faire le point et s'assurer qu'elle ne fait aucune erreur. On connaît la suite.

Cette future maman, très croyante et très pratiquante, souhaite avoir un garçon et veut faire le régime. Toutefois elle s'interroge et m'interroge. La religion autorise-t-elle une future maman à faire le régime ? N'étant pas théologien, je ne peux que lui conseiller de prendre l'avis des autorités religieuses concernées. Pour son information, je lui fais part des conclusions du colloque consacré à la méthode de sélection préconceptionnelle du sexe par le régime alimentaire lors des Journées internationales de gynécologie obstétrique de Puteaux (Hauts-de-Seine) en mai 1984. D'éminentes autorités religieuses (le Révérend Père Michel Riquet, le Grand Rabbin Alain Goldman, Son Excellence S.H. Boubakeur pour l'islam) apportèrent à cette occasion leur caution à l'affirmation qu'aucune objection éthique n'est opposable à cette méthode en tout point naturelle.

7. Des méthodes discutées… et discutables

Le tri des spermatozoïdes

Les premières tentatives de séparation des spermatozoïdes X et Y chez l'animal suivies d'insémination remontent à plusieurs années. Toutes les techniques utilisées, reposant sur leurs différences de masse comme la sédimentation ou la centrifugation, sur leurs différences de charge électrique comme l'électrophorèse ou les résines échangeuses d'ions, ont échoué.

Plus intéressante, la méthode proposée dans les années 1970 par un biologiste américain, Ericsson, était fondée sur la différence de vitesse de déplacement des spermatozoïdes X et Y à travers une colonne d'albumine faite de couches de concentrations différentes. Ce dispositif a permis d'obtenir une fraction de sperme enrichie en Y dans la proportion de 80 % environ, alors que le recueil des X piégés dans la colonne d'albumine est plus aléatoire. Les quelques essais cliniques tentés par insémination artificielle avec cette méthode ont toutefois été abandonnés en raison du très petit nombre de grossesses obtenues.

Beaucoup plus récemment, une société commerciale dont le siège est aux États-Unis a fait breveter une technique de séparation des spermatozoïdes X et Y qui repose sur un procédé appelé cytométrie de flux.

Rappelons ici que l'éjaculat masculin dont le volume varie entre 2 et 5 cm^3 contient plusieurs millions de spermatozoïdes. Chacun de ces spermatozoïdes apporte 23 chromosomes dont 1 appelé chromosome sexuel détermine le sexe de l'enfant. Il y a chez l'homme, en proportion égale, deux sortes de chromosomes sexuels et donc deux sortes de spermatozoïdes : l'un, plus grand et plus riche en ADN (154 824 264 paires de bases) [1], se nomme X et donnera une fille ; l'autre plus petit et

1. La longueur des molécules d'ADN est mesurée en nombre de paires de bases. Une paire de bases constitue un motif qui se répète le long de la molécule d'ADN un peu à la manière des perles d'un collier : la longueur du collier augmente avec le nombre de perles !

moins riche en ADN (57 701 691 paires de bases), nommé Y, donnera un garçon.

Ce procédé fait intervenir la différence de quantité du matériel génétique (ADN) entre les X et les Y et fait appel à une technologie appelée cytométrie de flux. Dans un premier temps, les spermatozoïdes sont coloriés par une substance fluorescente (fluochrome) qui se lie à leur matériel génétique (ADN). Les spermatozoïdes sont ensuite envoyés dans une sorte de tunnel (cymomètre de flux) qu'ils vont traverser. Au cours de leur progression dans cet appareil un faisceau de lumière laser va venir les éclairer et illuminer ce colorant fluorescent. La teneur en ADN étant plus grande dans les X, la brillance qu'ils émettent est plus grande. Un dispositif intégré au cymomètre permet alors de les séparer en utilisant cette différence de luminosité.

Plusieurs précisions s'imposent. La société ne garantit pas le résultat. Elle précise que l'enrichissement du sperme n'atteint pas 100 %, mais 74 % pour les Y et 91 % pour les X. Cette technique n'est actuellement pas autorisée sur le territoire des États-Unis où elle fait l'objet d'une étude sous le contrôle des Autorités de santé. En l'absence de recul suffisant et de publication des résultats, les risques éventuels de cette technique pour les enfants ainsi conçus ne sont pas connus.

Les méthodes de choix du sexe de l'enfant à partir des techniques de séparation des spermatozoïdes soulèvent beaucoup de questions et de polémiques quant à leur légitimité, du point de vue de leurs risques, de leur coût et de leurs résultats. Ces techniques nécessitent bien entendu le recours à une méthode de procréation médicalement assistée : insémination artificielle ou fécondation in vitro. Outre les contraintes et les risques liés au caractère invasif de ces techniques, le taux de grossesse ne dépasse pas 30 % dans les meilleurs cas. La majorité des couples devront de ce fait recourir à plusieurs tentatives et beaucoup finalement abandonneront faute de grossesse. Que penser par ailleurs du coût de ces techniques ? Quoi qu'il en soit, les Lois de bioéthique de 1994, actuellement en vigueur en France, interdisent le recours aux méthodes de procréation médicalement assistée en dehors des cas d'infertilité pathologique.

Sélection postconceptionnelle

Il nous faut maintenant aborder un autre aspect extrêmement controversé du choix par les parents du sexe de leur enfant, puisque celui-ci va intervenir après la conception et va souvent aboutir à éliminer un embryon du sexe non désiré. On comprend que cette question soulève de nombreuses polémiques.

Connaître le sexe du fœtus en tout début de grossesse

Permettre ou non aux futurs parents de connaître le sexe de l'enfant avant la naissance, et plus encore en tout début de grossesse, est une question particulièrement sensible. Voyons pourquoi.

Apparue au début des années 1980, l'échographie permet aujourd'hui en visualisant les organes génitaux de connaître avec une quasi-certitude le sexe du fœtus et ce très souvent dès le terme de 10 semaines de grossesse (2 mois et demi). Cette information peut-elle être recherchée et donnée aux futurs parents qui la demandent ? Beaucoup y voient le risque ou la tentation du recours à l'IVG lorsque le sexe de l'enfant ne répond pas aux désirs ou au projet des parents d'autant qu'en France, par exemple, le délai légal de l'IVG est de 14 semaines de grossesse. La future maman ne risque-t-elle pas dans certains cas d'être soumise à des pressions extérieures, conjugales, voire familiales ? Peut-on par ailleurs priver une femme d'une simple information qui la concerne ?

N'est-ce pas là une grave atteinte à sa liberté de savoir ?

La polémique fait rage aussi à propos des tests qui par simple analyse de sang ou d'urine, faite chez soi, permettent encore plus précocement et avec une grande fiabilité de savoir si c'est une fille ou un garçon. De quoi s'agit-il ?

Lorsque l'embryon est du sexe masculin, son caryotype nous l'avons vu comporte deux chromosomes sexuels différents X et Y, alors que l'embryon féminin a deux chromosomes sexuels X identiques. Or, dès le début de la grossesse, des fragments d'ADN associés au chromosome Y (ce n'est pas le cas pour le X) passent dans le sang maternel où ils peuvent être identifiés, puis sont éliminés dans les urines où on les retrouve aussi. La présence ou l'absence de ces fragments d'ADN dans le sang ou l'urine de la mère permet donc d'identifier le sexe de l'embryon.

Plusieurs sociétés commercialisent actuellement ces tests par Internet :

— Test sanguin : 3 gouttes de sang sont recueillies chez soi par simple piqûre au bout du doigt grâce à un kit de prélèvement à usage unique adressé et retourné par courrier au siège de la société en Californie pour un coût (janvier 2010) qui varie selon le délai souhaité pour le résultat (envoyé par e-mail) de 349 dollars pour un résultat en trois jours, à 249 dollars si le délai est de cinq jours. Effectué à 8 semaines de grossesse (1 mois et demi), la fiabilité annoncée est de 95 %. Une précision, ce test n'est commercialisé ni en Chine ni en Inde indique le laboratoire.

— Test urinaire : livré à domicile par la poste, ce test est commercialisé par une société dont le siège est aux États-Unis. Au prix de 48,67 euros (plus frais de port) en janvier 2010, sa fiabilité annoncée est de 78 à 80 % à 10 semaines de grossesse.

La question de la communication du sexe de l'embryon aux futurs parents se pose aussi lorsque la future maman demande une amniocentèse ou une biopsie de trophoblaste, examens habituellement proposés aux futurs parents lorsqu'il y a un risque majoré d'anomalie chromosomique chez l'enfant.

Le caryotype fœtal réalisé à 9 semaines de grossesse pour la biopsie de trophoblaste ou à 14 semaines pour l'amniocentèse permet certes de rassurer les parents lorsqu'il est normal, mais aussi de connaître avec certitude cette fois, et la nuance est d'importance, le sexe de l'enfant. Pour des parents déterminés à ne pas garder un enfant non désiré en raison de son sexe, le frein du doute disparaît et plus aucun obstacle ne vient s'opposer à leur demande puisque nous sommes, rappelons-le, dans les délais légaux de l'interruption volontaire de grossesse en France.

Ce phénomène a pris dans certains pays de telles proportions que les gouvernements concernés ont été amenés à réagir. *Le Quotidien du peuple* de Pékin du 1er novembre 2007 faisait état d'une enquête menée en milieu rural montrant chez les nouveau-nés une proportion de 122 garçons pour 100 filles alors que cette proportion est normalement de 103 à 105 garçons pour 100 filles. Que sont devenues les filles manquantes ? Cette situation aboutit à un déséquilibre démographique préoccupant pour les responsables du pays. Le nombre des hommes non mariés dépasse actuellement de 18 millions le nombre des femmes célibataires. Il passera à 30 millions en 2020 et l'Académie des sciences sociales chinoise s'alarme des conséquences du déséquilibre entre les sexes à la naissance.

En Inde, il est interdit depuis 1994 de révéler le sexe de l'enfant lors des examens prénataux et l'interruption volontaire de grossesse sur ce seul critère est également interdite. En pratique, cette interdiction semble souvent ignorée. Dans ce pays, la proportion est de 112 garçons pour

100 filles et l'avortement sélectif a remplacé la pratique ancestrale de l'infanticide à la naissance.

La situation est suffisamment inquiétante pour que les sociétés qui commercialisent via Internet les tests diagnostics du sexe fœtal aient décidé d'en exclure la Chine et L'Inde. Des raisons culturelles, religieuses (le culte des ancêtres), mais aussi économiques expliquent vraisemblablement ce phénomène. Production agricole qui dépend de la main-d'œuvre familiale dans les campagnes chinoises. Montant de la dot nécessaire pour marier une fille, qui va lourdement endetter, voire ruiner une famille en Inde.

Et en Occident ? Dans une enquête faite en France par un grand magazine féminin par le moyen d'un sondage réalisé sur Internet et publiée en octobre 2007, la moitié des 610 lectrices qui y ont participé se disent prêtes à utiliser un test de prédiction du sexe fœtal et 18 % précisent qu'elles demanderaient une interruption volontaire de grossesse si celui-ci ne leur convenait pas.

Le diagnostic préimplantatoire : connaître le sexe du fœtus dans le cadre de la fécondation in vitro

Abordons d'abord la question du diagnostic préimplantatoire associé à la fécondation in vitro. Destinée à aider certains couples stériles à avoir un enfant, cette pratique s'est considérablement développée depuis quelques années. Pour multiplier les chances de réussite, la patiente se voit proposer un traitement dont le but est d'augmenter le nombre d'ovules ponctionnés. Ces ovules sont ensuite mis à incuber, au laboratoire, avec le sperme du futur père, ce qui permet habituellement d'obtenir plusieurs embryons, les uns masculins, les autres féminins. Précisons au passage que seuls 1 ou 2, voire 3 embryons seront réimplantés car tous n'évolueront pas, sans qu'il soit possible de le prévoir. Remarquons aussi qu'en implantant plusieurs embryons, on augmente les chances de réussite... mais également les risques de grossesses multiples.

Dans les trois jours qui suivent, alors qu'il n'est encore constitué que de quelques cellules (6 à 8), le diagnostic préimplantatoire consiste à prélever une des cellules de l'embryon pour en connaître le sexe. Seuls le ou les embryons du sexe souhaité par les parents seront réimplantés dans l'utérus maternel, les autres étant éliminés.

Une telle pratique est interdite en France puisque le diagnostic préimplantatoire, très encadré par la loi, est réservé aux seuls couples susceptibles de mettre au monde un enfant atteint d'une maladie génétique grave et incurable. Il en va tout autrement dans certains pays, notamment aux États-Unis où dans le cadre de la FIV le choix du sexe de l'embryon réimplanté est laissé aux parents.

Si le recours à ces techniques lourdes et invasives, onéreuses par ailleurs, qui ne sont pas sans risques et qui connaissent un fort taux d'échec en raison des nombreuses fausses couches observées, apparaît légitime dans le cadre du traitement de la stérilité ou de la prévention de maladies très graves et incurables, on comprend aisément les polémiques qu'elles soulèvent quand il s'agit d'y recourir lorsque seul le choix du sexe de l'enfant est en jeu.

Conclusion

De nos jours, grâce aux moyens de contraception modernes, une femme n'est plus, comme autrefois, enceinte par hasard. La grossesse est devenue, du moins dans nos sociétés, un acte presque toujours volontaire et les moyens existent permettant à chaque couple de déterminer librement le nombre d'enfants qu'il souhaite.

L'influence de l'alimentation maternelle et de sa composition en sels minéraux sur la détermination du sexe fœtal est un fait aujourd'hui largement démontré. Les parents qui le souhaitent ont ainsi une possibilité supplémentaire de réaliser leur projet parental en déterminant librement, fille ou garçon, la composition de leur famille. En adoptant un régime alimentaire spécifiquement adapté, une future maman augmente considérablement la probabilité d'avoir un enfant du sexe souhaité.

CHOISISSEZ LE SEXE DE VOTRE ENFANT

Cette méthode en tout point naturelle et sans danger a depuis longtemps fait la preuve de son efficacité. Et pourtant paradoxalement aujourd'hui, les futures mamans ne savent plus très bien ce qu'elles doivent faire au moment où elles s'apprêtent à réaliser leur projet de grossesse. Ce livre a voulu répondre aux questions qu'elles se posent alors, avec la rigueur scientifique nécessaire mais aussi le langage simple et direct qui facilitent la mise en pratique au quotidien.

Références bibliographiques pour les spécialistes... et les autres

Parmi les très nombreuses publications et communications scientifiques consacrées à la méthode du régime et à l'influence du régime alimentaire de la mère sur le sexe de l'enfant, dont la liste eût été trop longue, nous avons retenu les suivantes :

Études expérimentales chez l'animal

HERBST, C., Untersuchungen zur bestimmung des geschlechts II. Die abhangigkeit des geschlechts von kaliumgehalt desumgebenden mediums bei bonellia viridis. *Roux Arch. F.* Entwicklungsmech, 1935, 132, 578.

HARTMANN, M., LEWINSKI, G., Untersuchungen über die Geschlechstbestimmungen und geschechtsum wandlung von ophryotroca puerilis II. Versuche über die wirkung von kalium, magnesium und kupfer, Zool, Jahrb, 1938, 58, 551.

BELLEC, A., STOLKOWSKI, J., Influence du rapport potassium/calcium (K+/Ca2+) du milieu d'élevage sur la distribution des sexes chez Discoglossus pictus (OTTH), Nouvelles observations, *Annales d'endocrinologie*, 1965, 26, 51-64.

CLUZAN, R.-J., CAUSERET, J. HUGOT D., Le métabisulfite de potassium. Étude de toxicité à long terme chez le rat, *Ann. Biol. Anim. Biochim. Biophys*, 1965, *5*, 267-281.

STARER-MENDES, H., TROMBERT, M., STOLKOWSKI, J., Action de l'ion Mg 2+ sur la répartition des sexes dans une population de têtards élevés en solution minérale chez Discoglossus pictus, C.R. Académie des sciences Paris, 1967, 265, 1518-1521.

NEAUPORT, C., EMMERICH, E., Action d'une carence et d'une surcharge alimentaire en Mg++ chez le rat mâle : teneur en Mg++ dans les différents compartiments de l'appareil reproducteur, C.R. Séances société biologie, 1983, 177, 3 : 431.

STOLKOWSKI, J., Influence possible de la nutrition minérale sur la répartition des sexes chez la vache : une enquête rétrospective, C.R. Académie des sciences Paris, 1967, 265, Série D., 1059-1062.

STOLKOWSKI, J., Le magnésium dans la reproduction animale et chez l'homme, *Revue canadienne de biologie*, juin 1977, vol. 36, nº 2, 135-177.

STOLKOWSKI, J., LEFEVRE, M., Essais de contrôle du sexe chez les bovins sous l'influence de la nutrition minérale, Recueil de médecine vétérinaire, École nationale vétérinaire de Maisons-Alfort, 1977, 153, 33-40.

OLIVER, H.N., La influencia de las relaciones ionicas (K+/Ca2+) sobre la determinacion del sexo in la descendencia de una poblacion de Gupis (Poecilia raticulata), Thèse Med. Véter, Mexico, 1980.

BOLET G., GUEGUEN L., DANDO P., OLLIVIER L., Influence de l'alimentation minérale de la truie sur le taux de masculinité à la naissance, *Reprod. Nutr. dévelop.*, 1982, 22(6), 1073-1081.

Études cliniques dans l'espèce humaine

LORRAIN, J., GAGNON, R., Sélection pré-conceptionnelle du sexe, Union médicale du Canada, 1975, 104, 800-803.

STOLKOWSKI, J., « Le contrôle du sexe par la méthode alimentaire. Régimes pour garçons et régimes pour filles. Modalités d'application. Les 23 premiers résultats », *Rev. française d'endocrinologie clin.*, 1977, 18, 2 : 95-106.

DUC, M., « De l'influence des apports nutritionnels en ions K+, Na+, Ca++, Mg++, sur le sex-ratio chez l'homme. Étude rétrospective chez 102 femmes n'ayant que des enfants du même sexe », *thèse doctorat en médecine*, Univers. Paris-Val-de-Marne, Créteil, avril 1977.

STOLKOWSKI, J., LORRAIN, J., Preconceptional selection of foetal sex, *International J. Gynaecol. Obst.*, 1980, 18, 440-443.

STOLKOWSKI, J., CHOUKROUN, J., « Preconception Selection of sex in Man », *Israelian Journal of Medical Sciences*, 1981, 17, 1061-1067.

STOLKOWSKI, J., CHOUKROUN, J., Sélection préconceptionnelle du sexe dans l'espèce humaine par le déterminisme ionique. Bilan de douze années d'étude, *Revue française d'endocrinologie clinique*, Nutrition, Métabolisme, 1984, 25, 237-259.

PAPA, F., HENRION, R., BREARD, J. « Sélection préconceptionnelle du sexe par la méthode ionique. Régime alimentaire. Résultats d'une étude clinique prospective de 2 ans », *J. Gyn. Obst. Biol. Repr.*, 1983, 12, 415-422.

JEAMBRUN, P., PAPA, F., Sélection préconceptionnelle du sexe par le régime alimentaire, *Le Concours médical*, 22.10.1988, 110-135.

DEVAURE, N., DABADIE, H., PASCALIN, J., *Diététique et Médecine*, 1989, n° 2, 155-163.

JEAMBRUN, P., The preconception selection of sex by means of diet, Servir 1989 may-jun 38(3) 179-82.

VAN AELST, Cl., « Les régimes "Sex-ratio", qu'en est-il en Belgique ? », *Revue française de diététique*, 1986, *119*, 17-29.

BUSSIÈRE, H.J., Choix du sexe des enfants : les observations animales ont servi de modèles, *Le Quotidien du médecin*, 23 mai 1980, n° 2188.

Déterminisme pré-conceptionnel du sexe, *Les Dossiers du Quotidien* n° 97, *Le Quotidien du médecin*, 27 octobre 1980, n° 2296.

ESCOFFIER-LAMBIOTTE, Dr., « Garçon ou Fille à volonté ? Régime alimentaire et sélection du sexe », *Le Monde*, 2 avril 1980.

Formation médicale continue : Déterminisme du sexe des enfants : le rôle des régimes alimentaires, *Le Généraliste*, 8 novembre 1980, n° 320.

Choix du sexe de l'enfant : le régime donnerait le résultat attendu neuf fois sur dix, *Le Quotidien du médecin*, 17 juin 1996, n° 5873.

PAPA, F., Peut-on programmer le sexe de son enfant ? Où en est-on vingt ans après ? *L'information diététique. Revue de l'association des diététiciens de langue française*, 1999, n° 4, Journées d'études de l'ADLF.

TAMIMI, R. M., LAGIOU, P., MUCCI, L. A., HSIEH, C.-C., ADAMI H.O., TRICHOPOULOS, D., Average energy intake among pregnant women carrying a boy compared with a girl, *British Medical Journal*, 2003, vol. 326, nos 7401, 1245-1246.

GIBSON, M.A., MACE, R. (Department of Anthropology, University College London), Strong mothers bear more sons in rural Ethiopia, *Proceedings of the Royal Society B*, 2003, *270*, 108-109.

MATHEWS, F., JOHNSON, P.J., NEIL, A. (University of Exeter University of Oxford), You are what your mother eats : evidence for maternal preconception diet influencing foetal sex in humans, *Proceedings of the Royal Society B*, 2008, *275*, 1661-1668.

Communications scientifiques

Xe JOURN. NATIO. SOC. FRANÇ. MÉD. PÉRINATALE, Deauville 1980, « Contribution à l'étude du déterminisme du sexe chez l'Homme », CHOUKROUN, J., STOLKOWSKI, J.

VIIIth ASIAN AND OCEANIC CONGRESS OF OBSTETRICS AND GYNECOLOGY, 25/10/1981 Melbourne (Australia), « Study of preselection of sex in human », CHOUKROUN, J., STOLKOWSKI, J.

27e JOURNÉES NATIONALES SYNDICAT NATIONAL PROFESSIONNEL DES DIÉTÉTICIENS, Paris 1986, Alimentation et choix du sexe, PERRAULT-FOUYER.

JOURNÉES D'ÉTUDES DE L'ADLF, Paris 1999, Peut-on programmer le sexe de son enfant ? Où en est-on vingt ans après ?, PAPA, F.

Table

Cet ouvrage a été composé par Facompo
et achevé d'imprimer en février 2014
sur les presses numériques de l'Imprimerie Maury S.A.S.
Z.I. des Ondes – 12100 Millau
pour le compte des Éditions Lattès

N° d'édition : 02 – N° d'impression : B14/50261C
Dépôt légal : février 2014

Imprimé en France